B I B L I O T H E C A
SCRIPTORVM GRAECORVM ET ROMANORVM
T E V B N E R I A N A

BT 2019

GORGIAS

HELENAE ENCOMIVM

PETRVS BEMBVS

GORGIAE LEONTINI
IN HELENAM LAVDATIO

EDIDIT
FRANCESCO DONADI

GLOSSARIOLVM GRAECO-LATINVM ADIVNXIT
ANTONIA MARCHIORI

DE GRUYTER

ISBN 978-3-11-031635-3
e-ISBN (PDF) 978-3-11-041157-7
e-ISBN (EPUB) 978-3-11-041162-1
ISSN 1864-399X

Library of Congress Cataloging-in-Publication Data
A CIP catalogue record for this book has been applied for at the Library of Congress.

Bibliographic information published by the Deutsche Nationalbibliothek
The Deutsche Nationalbibliothek lists this publication in the Deutsche Nationalbibliografie; detailed bibliographic data are available in the Internet at http://dnb.dnb.de.

Printing: Hubert & Co. GmbH & Co. KG, Göttingen
♾ Gedruckt auf säurefreiem Papier

Printed in Germany

www.degruyter.com

Augusto Corsini
medico clarissimo ac chirurgo
qui secunda vita me donavit

HOC VOLVMINE CONTINENTVR

PRAEFATIO

1. STEMMATIS CONSTITVTIO[1]

Inspectio omnium librorum manu scriptorum (qui a nobis inventi sunt, usquc ad duodequadraginta exemplarium numerum) Hermannum Dielsium in eo fortasse lapsum esse demonstravit, quod pro fundamento sine ullo dubio duos perantiquos codices, A (Burneianum 95) et X (Palatinum Graecum 88) habuerit congeriemque codicum recentiorum vel deteriorum, inprimis a Bekkero collatorum (eiusque iudicio descriptorum), neglexerit et communi siglo r denotaverit.[2] Iam diu Fredericus Blass duos libros ex uno fonte ortos esse explanaverat:

> Itaque hoc primum tenendum arbitror, fuisse aliquod archetypum ex quo omnes nostri codices derivati sint. Id quod lacunis corruptelisque multis quae omnibus communes sunt evincitur.[3]

At illi videbatur liberam optionem tribuendam esse ubi A et X inter se discederent.[4] Dielsius noster, contra, praecipue libro Burneiano (iure optimo) innitebatur, e silentio ratus eius lectiones potiores et minus negligendas esse quam codicis Palatini. E codice Burneiano, eius quidem opinione, tantum apographum Florentinum Laurentianum IV.11 (B) pendere pro certo habebat, e contra ex Heidelbergensi Palatino Graeco 88 (X) cetera exemplaria manu scripta recte fluxisse putabat.

1 De editionum vexata quaestione, cf. Donadi 1982, XLVIII–LXI.

2 "Die Helena ist nur in zwei selbständigen Hss. überliefert: A (...) und X (...). Konjekturen der Apographa sind mit r bezeichnet" (D.-K., 288). Cum Hermanno Diels vehementer Otto Immisch in sua editione (1927) contendit: "Hermannus Dielsius de Gorgiae Helena optime meritus (...) in eo videtur erravisse, quod iudicium post Bekkerum vulgatum secutus codicem Crippsianum A pro fundamento habuit. Contraria ratione ego mihi persuasi (quae res ad genuina verba recuperanda permultum valet) Palatino potius libro X innitendum esse" (Immisch, III).

3 Blass[1], XI.

4 Blass[2], XXIX.

Recensentibus maximam horum codicum partem nobis persuasum est haudquaquam Dielsium putavisse uni Palatino codici ex altero ramo stemmatis fidem esse tribuendam: recensio codicum Parisini Coisliniani 249 (V, s. X ex. – XI in.), Palatini Graeci 88 (X, s. XII ex. – XI in.), Mediolanensis Ambrosiani D 42 sup. (Am_3, s. XIV), Parisini Graeci 1038 (R, saec. XIV pr. pars), Vaticani Graeci 2207 (Co, s. XIV in.) certiores nos fecit codicem Burneianum A nihil prorsus uni codici Palatino X oppositum esse, sed potius hyparchetypo β, ex quo, per recentiores interpositos γ δ ε ζ, omnes codices nobis noti orti sint necesse est.

2. SVPERIOR PARS STEMMATIS

Tabula I
codicum V X Am_3 R Co lectiones contra codicis Burneiani A lectiones

	A	V X Am_3 R Co
1.4	καὶ πρᾶγμα	om. καὶ
1.4	ἐπαίνου ἐπαίνῳ	ἐπαίνων
2.8	ὁμόφωνος καὶ ὁμόψυχος	ὁμόψυχος (ὁμόψηφος X^{sscr}) καὶ ὁμόφωνος
2.9	φήμη ὃ	om. ὃ
3.17	λεγομένου δὲ θνητοῦ	τοῦ δὲ λεγομένου δὲ θνητοῦ
4.19	om. δὲ	τοιούτων δὲ
4.22	μέγα	μεγάλα
4.24	ἰδίας	οἰκείας
5.27	εἰδόσι καὶ	εἰδόσιν ἃ
6.32	βουλήμασι (A^{pr})... βουλεύμασι (A^{pr})... ψηφίσμασιν	βουλήματι... κελεύσματι... ψηφίσματι
6.37	ἴσον	ἧσσον
6.39	ἴσον	ἧττον (ἧσσον ζ Am_4)
6.39	θεὸς	θεοὶ
6.40	τῷ θεῷ	τῇ θεῷ
7.45 s.	καὶ λόγῳ καὶ νόμῳ καὶ ἔργῳ,	καὶ νόμῳ καὶ λόγῳ καὶ ἔργῳ,
	λόγῳ μὲν αἰτίας, νόμῳ δὲ ἀτιμίας	νόμῳ μὲν ἀτιμίας, λόγῳ δὲ αἰτίας
9.58	πόθος φιλοπενθής	φίλος φιλοπενθής
9.59	εὐτυχίαις καὶ δυσπραγίαις	εὐτυχίας καὶ δυσπραγίας
10.61	ἐπῳδαὶ	ἡδοναὶ
10.62	ἐπαγωγοὶ λύπης	ἀπαγωγοὶ λύπης
10.64	αὐτὴν γοητεία	om. αὐτὴν

11.69	ὅμοιος ἦν	ὅμοιος ὢν
12.76	ἐξῆν	ἔξειν
12.77	ὁ εἰδὼς	ὄνειδος (μὲν ὄνειδος γ)
12.78	om. τὴν	τὴν ψυχὴν
12.81	om. τῷ	τῷ λόγῳ
13.84 s.	ἄπιστα καὶ ἄδηλα	ἄδηλα καὶ ἄπιστα
14.94	ἔτερψαν	ἔτρεψαν
14.96	ἐξαρμάκευσαν καὶ ἐγοήτευσαν	ἐφαρμάκευσαν καὶ ἐξεγοή-τευσαν
15.99	ταῦτα πάντα	om. πάντα
15.100	ἔχει φύσιν	om.
17.112 s.	ματαίοις πόνοις καὶ δειναῖς (-οῖς A^{pr}) νόσοις	ματαίαις νόσοις καὶ δεινοῖς πόνοις (-H)
18.121	ἐνεργάζεται	ἐργάζονται
18.121	πραγμάτων καὶ σωμάτων	om. πραγμάτων καὶ
20.132	ἔπραξεν ἃ ἔπραξε	om. ἃ ἔπραξε
21.185 s.	τῷ μόμῳ (-ον ἐθέμεν A^{pr}) ὃν ἐνεθέμην	τῷ νόμῳ ὃν ἐθέμην
21.136 s.	ἐν ἀρχῇ	ἐπ' ἀρχῇ

Quinque codices V X Am$_3$ R Co, qui quidem cum libro A pugnant, inter se consentiunt, illique pendeant necesse est ex communi hyparchetypo β. Quod nempe archetypus extet pro certo habemus, cum A et β communem locum diffractum habeant (cf. 12. 76 s.), fortasse glossa intrusa inquinatum (cf. 12. 75 ὕμνος ἦλθεν), et probabilem lacunam (cf. 2. 7). Quae cum ita sint, ratio quae intercedat inter A et β, hoc stemmate in nuce depingi posse videtur:

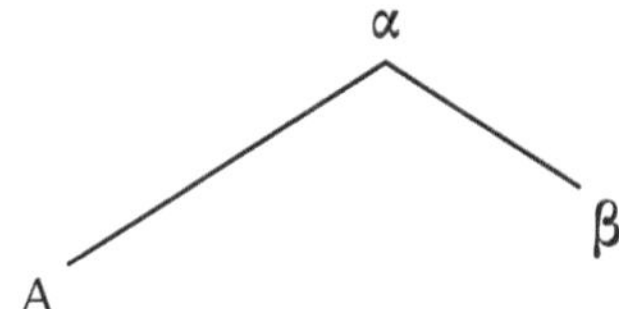

2.1 Familia codicis A

E Burneiano A unum diligentissimum exemplar, scilicet codex Laurentianus IV. 11 (B), descriptum Marci Musuri manu, originem trahit, emptum Vatopedi (in monte Atho) ab Iano Lascare nomine et sumptu Laurentii de Medicis anno 1492. Illud exemplar Florentiam pervenit, multis annis antequam A urbem attingeret.[5]

2.2 Familia codicis β: hyparchetypus γ

Codices Am_3 et R permultis singularibus lectionibus mendisque atque ope ingenii innovationibus artissime coniuncti sunt:

Tabula II
codicum Am_3 R lectiones peculiares contra codicum A, V X Co lectiones

3.17	τοῦ δὲ γενομένου
7.49	οἰκτεῖραι
9.58	φίλος φιλοπαθής
9.60 s.	ἐπ' ἄλλου
12.77	μὲν ὄνειδος ἕξει μὲν οὖν
15.97	post ὅτι om. μὲν
16.105 s.	ἀκινδύνου τοῦ μέλλοντος ὄντος
18.120	σώμασιν

Communis omissio (15. 97), antigraphi vitia (9. 58, 12. 77), nonnullaeque laudabiles coniecturae: 3. 17: τοῦ δὲ γενομένου (ex τοῦ δὲ λενομένου hyparchetypi β); 16. 105 s.: ⟨ἀ⟩κινδύνου τοῦ μέλλοντος ὄντος (ex κινδύνου τοῦ μέλλοντος ὄντος archetypi A β) classem illustrant; testium relationes intelligere ex tabulis III a et III b facile est:

Tabula III a
codicis Am_3 lectiones peculiares

4.24	οἱ... εὐεξίαν om.
5.31	εἰς τὴν Τροίαν] ἐπὶ Τροίαν
7.42	καὶ... ὑβρίσθη om.
12.75	inter ὁμοίως et ἐὰν spatium vacuum circiter trium litterarum
12.77	ἡ ante ἀνάγκη om.
15.101	inter ἔτυχε et τῆς ὄψεως spatium vacuum circiter trium litterarum
16.108 s.	διὰ... διὰ] πρὸς... πρὸς
19.123	ἔρωτος τῇ ψυχῇ] σώματος τὴν ψυχὴν
19.128	ἦλθε γὰρ καὶ ἦλθε

5 Cf. Speranzi[4], 344–359, Speranzi[6], *passim*.

Tabula III b
codicis R lectiones peculiares

6.39	θεοὶ… κρείσσονες
9.57	καὶ ante φρίκη om.
16.104	τοῦ μὲν… τοῦ δὲ] τὰ μὲν… τὰ δὲ
18.116	χρωμάτων] χρημάτων
19.124	θεῶν] κατὰ θεῶν
19.129	βουλεύμασιν] βασιλεύμασιν

Tabulae III a et III b codices Am_3 et R alterum ex altero fluere negant, qua ex re sequitur, ut ex alio quodam hyparchetypo, quem siglo γ denotamus, emanaverint.

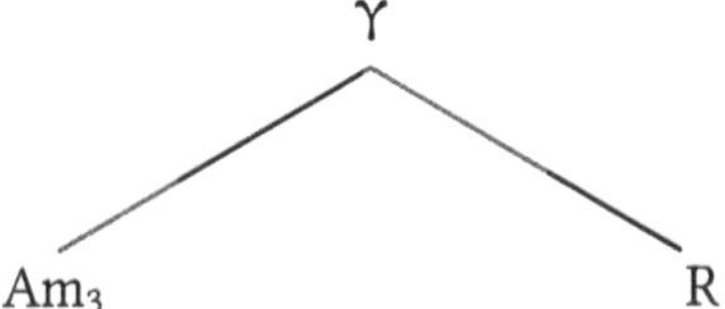

2.3 Codices V X Co nonnullis lectionibus inter se consentiunt contra A et γ:

Tabula IV a
codicum V X Co lectiones peculiares contra A γ

3.17	τοῦ δὲ λεγομένου (= ζ)
7.44	ὡς ὑβρισθεῖσα] ἢ ὑβρισθεῖσα
16.103	ὁπλίσει] ὁπλίσῃ (X^{sscr} = ζ)
19.122	σῶμα] ὄμμα

Vicissim, X et Co nonnullis in locis contra A γ V consentiunt:

Tabula IV b
codicum X Co lectiones peculiares contra A γ

1.5	ἐπιτιθέναι
9.57	ἢ ὡς] ἧς τοὺς
12.75	ανουνεαν
15.100	ἃ γὰρ] καὶ γὰρ
17.110	ἐν τῷ παρόντι χρόνῳ] χρόνῳ om.
19.125	τοῦτον] τούτων

Tabula IV c
codicis Co lectiones peculiares

2.10	συμφορῶν φήμη
3.16 s,	δὲ τοῦ μὲν γενομένου] δὲ γενομένου
4.25	ἧκον] εἴπον
4.26	φιλοτιμίας τε] om. τε
5.27 s.	εἰδόσι ἴσασι
6.39	ἀνθρώπου] ἀνθρώπων
7.48 s.	ὁ μὲν γὰρ] καὶ ὁ μὲν γὰρ in ras.
8.50	λόγος ὁ] ὁ λόγος ὁ
10.61	ἐπῳδαὶ] αἱ ἡδοναὶ
14.91	πρὸς τὴν τῆς ψυχῆς] om. τὴν
16.103	πολέμιον ἐπὶ πολεμίου
16.105	κινδύνου] κινδύνων
17.115	οἶάπερ] οἶα
18.119	ἡδεῖαν] ἡδεῖα

Quod ad manu scriptum X pertinet, lectio singularis, sine mora correcta, est νοήματι (17.114 = La N), cui scriba φρονήματι suprascripsit. Huc accedit quod X^{pr} scripsit ὁπλίσει (16.103 = A γ), quam nulla intermissa mora correxit in ὁπλίσῃ, lectionem codicum V et Co. E diverso nonnullarum notarum tironianarum codicum Co et X exitu (cf. 6. 39: ἀνθρώπων Co: ἀνθρώπου X; 16.103: πολεμίου Co: πολεμιʿ X; 16.105: κινδύνων Co: κινδύνου X), hyparchetypum ε extitisse postulandum est, ex quo X et Co, alter in alteris rebus congruens differensque, necesse est fluant:

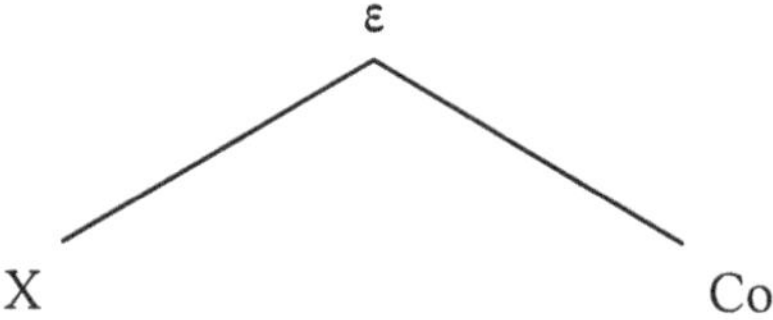

2.4 Quoquo modo V et ε se committant, patet codicem V ex eodem hyparchetypo ε, ex quo ceteri exemplares X et Co fluxerint, oriri excludendum esse, quia, eorum erroribus et praetermissionibus sic cognitis,[6] veri simile est quod valde neglegenter scriba hyparchetypi ε lectiones codicis V sumpserit; attamen, confer

6 Cf. Donadi 1982, XXVI–XXVIII.

locum 12.75: lectioni codicis V ἄνουν ἐὰν opponitur lectio scriptione continua ανουνεαν; vel vide locum 16.103 ubi (ut paulo ante diximus) X et V solvunt notam tironianam: qua ex re sequitur ut ex hyparchetypo, quem siglamus δ, descendant V et ε:

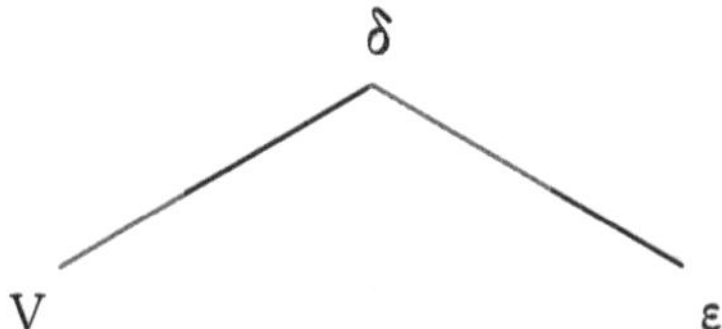

2.5 Sic stemmatis superior pars lucide describitur:

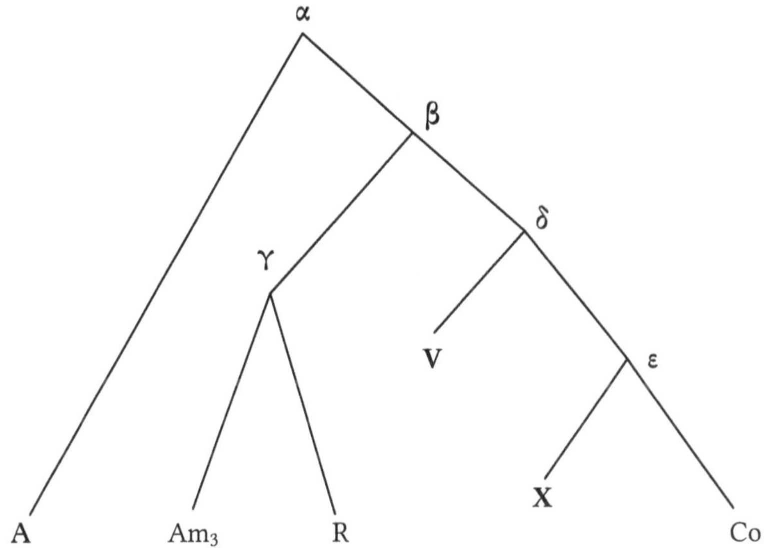

3. INFERIOR PARS STEMMATIS

3.1 Codices H Pl_1 (Vi) To W in lectionibus (melius dicamus erroribus) lacunisque inter se consentiunt; qua ex re igitur collegimus eos e communi hyparchetypo, quem ζ siglamus, ortos esse. Suppositus ζ vicissim ex β pendet, consentiens eius lectionibus (cf. tabulam I a):

Tabula V a
codicum H Pl_1 Vi To W lectiones peculiares

3.17	τοῦ μὲν λεγομένου (= δ)
3.18	φανῆναι
4.24	ἀλκῆς] ἄλλης
6.38	ἀρχεσθαί ⟨τε⟩ (=La Ald)
6.39	ἀνθρώπου] ἀνθρώπων
6.41	δυσκολίας
8.52	σμικροτάτῳ ⟨τῷ⟩
12.75	post κωλύει om. καὶ
12.75 s.	post ὁμοίως usque ad ὥσπερ lac. sign. H Pl_3 To: om. W Vi
13.84	ἐφελόμενοι (sic)
13.89	ὡς om.
15.100	γεγονέναι om.
18.120	⟨τὴν⟩ ὄψιν (= A)
19.122	τοῦ om.
19.128	ἀνάγκαις] ἀνάγκης
21.134 s.	τῷ νόμῳ ὃν ἐθέμην] τῷ νόμῳ λόγῳ ὃν ἐθέμην

Quibus lectionibus perlustratis, reliquum nobis esset ut tabulas daremus cum lectionibus peculiaribus codicum H, Pl_1-Vi, To, W, quas tamen remittimus ad alium locum, cum eas parvi ducamus.[7] Aliter res se habet cum codice Marciano Graeco 522, qui multas coniecturas praebet:[8]

Tabula V b
codicis H lectiones peculiares

3.15	⟨τε⟩ καὶ γυναικῶν
4.23	μεγέθη] μεγέθει
6.36	οὐ ante τὸ κρεῖσσον om.
8.52	λόγος] ὁ λόγος
9.56	λόγον] λόγων (sic)
9.61	μεταστῶ λόγον] μετ᾽ αὐτῶν λόγων

7 Cf. Donadi 1982, XXIX–XXXI.

8 Cf. editiones principes a Francisco Robortello Utinensi auxilio codicis Marciani 522 editas: Aeliani *De militaribus ordinibus instituendis more Graecorum liber* a Francisco Robortello Utinensi *in latinum sermonem versus et ab eodem picturis quam plurimis illustratus*, Venetiis MDLII, et Dionysii Longini rhetoris praestantissimi *liber de grandi sive sublimi orationis genere*, nunc primum a Francisco Robortello in lucem editus (...), Basileae per Ioannem Oporinum MDLIV.

12.76	βατήριον
12.80 s.	ἀναγκασθεῖσα] ἀδικηθεῖσα
12.81	ἀκούει] ἀκούοι
17.112 s.	ματαίαις νόσοις καὶ δυσιάτοις μανίαις καὶ δεινοῖς πόνοις
18.117	σχῆμα] χρῶμα
18.119	ὅσον ἡδεῖαν] ὁπόσην τινὰ τέρψιν
18.120	τὴν ὄψιν] τὴν ψυχὴν

Recentior codex Vi descriptum esse a Pl_1 ex eo colligitur, quod cum eo in nonnullis mendis nec non multis erroribus ortographicis (exempli causa: 2.8: ὁμόμψυχος (sic) καὶ ὁμόφωνος; 12.76: βακτήριον) consentit; adde quod Vi in aliis vitiis laborat. Cum codicum To et W nonnullae lectiones propriae sint, ex communi fonte ζ uterque emanaverit necesse est: suppositus ζ, uti supra dictum est, recta via ex hyparchetypo β fluxit:

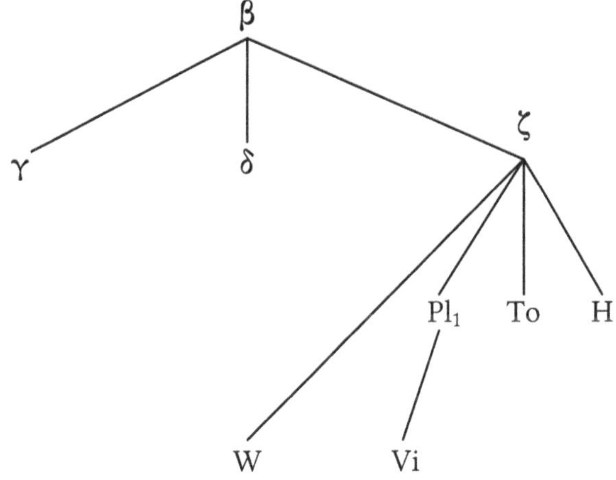

3.2 Progenies codicis (γ) R

Totius stemmatis crebrior familia ex R fluit, cui tredecim codices omnino ascribendi sunt: Pl_2, Fl, Vt, Pa_3, Y, Go, Am_2, Ox, Pa_1, Sc, Me, Pl_5, Tr.

3.3 Classis suppositi η

Quinque codices extant (Pl_2, Fl, Vt, Pa_3, Y), qui fideliter ex β γ fluunt quique inter se praeterea nonnullis in locis artissime cohaerere apparent:

Tabula VI a
lectiones peculiares codicum Pl_2 Fl Vt Pa_3 Y

2.9	ἥ τε τῶν τῶν (sic)
4.20	λαθοῦσα] λαβοῦσα (Pl_2 Fl Vt Y prior manus)
7.44	ἐδυστύχησεν] ἠδίκηται
9.55	δόξῃ om. (lac. sign. Pl_2)
18.115	ἡδεῖαν] ἡδεῖαν ⟨ὄψιν⟩

Tabula, quam supra succincte exposuimus, deperditum η, qui ab R pendeat, postulat; quod ad singulos codices attinet, Y[9] nonnullis lectionibus dissentit a Pl_2, Fl, Vt, Pa_3; lacuna notatu digna (7.42: ἐβιάσθη om.) impedit quominus ab illo libro progenies emanet. Adde quod Constantinus Lascaris in codice Y, a Michaele Lygizo exarato, supra lineam multas lectiones a La defluxas addiderit.

Vt et Pa_3 perpaucis in locis a reliquis istius classis testibus alter altera via digreditur. Lectio in margine codicis Pa_3 (12.75–78: ὁμοίως νέαν οὖσαν ὥσπερ εἰ βιατήριον, βίᾳ ἡρπασθῆναι (sic), τῇ γὰρ πειθοῖ ὁ νοῦς παρεσύρε καίτοι εἰ ἀνάγκη, ὄνειδος μέν, τὴν αὐτὴν δὲ δύναμιν ἔχει), sine ullo dubio a La vel ab istius progenie fluxit; a teste neapolitano Np scilicet, vel demum a lectionibus supra lineam codicis Y. Qui codices, quamvis multis in locis inter se consentiant, dissentiunt, ut supra diximus, multis lectionibus peculiaribus: eorumque porro complectamur cogitatione stemma, quod pingimus – liceat nobis translate dicere – ut caelum, cuius astra vicissim inter se lucem (scilicet lectiones) commutant, philologis videlicet illius temporis amicitia ac studio coniunctis: quorum librorum mutuae relationes, quae depromi non possunt, in stemmate rectangulari figura circumscripsimus (quam littera Z siglavimus).

9 Constat codicem Y, qui Francisci Barocii, patricii Veneti fuerat, ab anno 1602 in biliotheca Bodleiana asservari.

Codices Am$_2$ (cuius progenies sunt Ox et Am$_1$) et unus Go recta linea pendent ab R: ubicumque η novet, uterque testis lectionem codicis R servat: Ox ab Am$_2$ descriptus est, Pa$_2$ ab Am$_2$. Confer tabulam:

Tabula VI b
codicum Am$_2$ Ox Pa$_2$ lectiones singulares

	Am$_2$		Ox		Pa$_2$
2.10	δὲ om.		"		"
3.16	δῆλον ⟨μὲν⟩ γὰρ scr.		"		"
4.22	πολλὰ ⟨δὲ⟩ σώματα		"		"
11.74	εὐτυχίαις		"		"
13.86	ἐν οἷς οἷς (sic)		"		"
16.103	ὁπλήσει (sic)		"		"
18.121	ἐργάζεται		"		"
		10.62	⟨αἱ⟩ ἐπαγωγοὶ scr.		"
		17.114	ἐνέγραψεν om.		"
		18.117	χρημάτων		"
				5.28	τέρψιν] πίστιν
				9.59 s.	τι πάθημα] om. τι

3.4 Classis suppositi Δ

Istius classis quattuor testes memorantur: Sc Pl$_3$ Me Tr, quibus fere omnes lectiones hyparchetypi γ sunt communes; inter lectiones quae R definiunt, omissio coniunctionis καὶ ante φρίκη (9.57) et emendatio ope ingenii κρείσσονες pro κρεῖσσον (6.39) notandae sunt. Pro aliis codicis R innovationibus, sine ullo dubio erratis, genuina lectio, auxilio testis familiae Palatini X, instauratur: codices praesertim supradicti (qui eandem sequentiam *Marini Neapolitani Proclus sive de felicitate – Gorgiae laudatio Helenae* continent) ex communi teste supposito emanent necesse est (quem θ siglamus), et eos circumscripsimus in rectangulari figura, quae a nobis vero Δ siglatur:

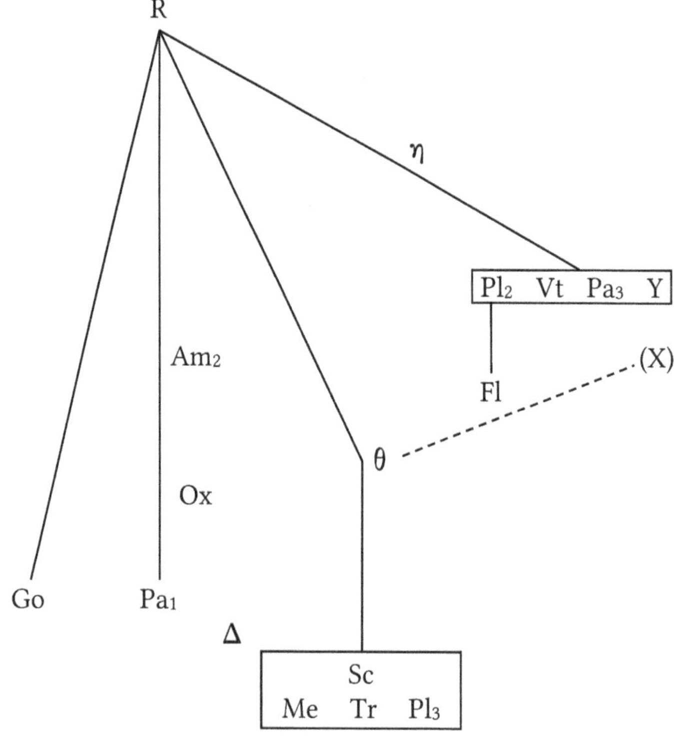

3.5 Progenies hyparchetypi ε

E fonte ε Co (sine progenie) et X oriuntur. Familia, praeter testem principem X, codices Am_4, C, N, M, Mu, I, K, E, Hn, Br, Pa_3 amplectitur, cum oratorum corpus codicis Palatini X in omnes hos testes ex tota eademque compositione transfundatur (praeter Hn_2, Br, Pa_2, I). Praeterea in codice X "ε fuit quaternio (*scilicet* quintus), cuius ab initio duo folia, in fine unum folium nescio quo casu acerbissimo interciderunt"[10]. Ad id, "Inter quaterniones ιε et ιζ deest ις"[11] – scilicet decimus sextus:

> Apparet igitur, lacunas eas, quae nunc sunt in codicibus omnibus, ab initio in Heidelbergensi non fuisse, sed foliis undecim

10 Sauppe, 83.
11 Sauppe, 83.

> huius codicis perditis demum ortas esse. Apparet, inquam, codices ceteros omnes tum demum ex Heidelbergensi descriptos esse, cum undecim illa folia iam intercidissent. Hoc etiam alio modo ostendi potest. Folium 9 cod. X liquore aliquo superfuso ita fuscatum est, ut paginae prioris pars magna, posterioris maxima legi non potest. *Quae nunc legi non possunt, iam tum non potuerunt, cum codices ceteri scriberentur* (litterae cursivae mihi ascribendae sunt).[12]

Codice Laurentiano C, opera "scribae ingeniosissimi et graece doctissimi atque coniectura felicissima"[13], J. Bekkerus, pro certo fundamento nixus, suam *Oratorum Atticorum* editionem in lucem emisit; sed suo loco demonstravimus illum librum (scriba Joanne Rhoso) apographum esse codicis Am_4, ex Palatino X recta via descriptum ab Andronico Callisto:[14]

Tabula VII
lectiones peculiares codicis Am_4 a C receptae

6.35	⟨οὐκ⟩ ἄξιος
8.54	ἐνεργάσασθαι] ἐργάσασθαι
9.55	δόξῃ δεῖξαι] δόξῃ δόξω
11.69	post ὁ λόγος, lacunam sign.
12.75	ὕμνος ἦλθεν] λόγον ἐλθόντα
12.75	ἂν οὐ νέαν] ἄνουν νέαν
12.76	ἁρπάσαι
12.76 s.	ἐξῆν ὁ δὲ νοῦς] ἔσχεν ὁ δὲ νοῦς
12.77	ὄνειδος ἕξει μὲν οὐ (post οὐ lacunam sign. Am_4 : οὗ scr. Ald)
13.82	καὶ ante τὴν ψυχὴν om.
13.87	οὐκ] ⟨ἀλλ'⟩ οὐκ
13.88	τρίτον ⟨δὲ⟩
14.92	ἄλλους ἀλλαχοῦ] ἄλλους ἄλλα χυμοὺς

12 Sauppe, 83 s. Hermann Sauppe demonstravit "che il Palatino 88 di Heidelberg è il capostipite di tutti gli altri codici delle orazioni di Lisia (...) poiché una lacuna, dovuta nel Palatino alla perdita di undici fogli, ricorre negli altri codici senza che in essi sia riscontrabile alcun guasto materiale" (Timpanaro, 60). X continet: Lysiam, I–XXXI; Alcidamantem, *Contra dicendi magistros, Odysseus*; Antisthenem, I–II; Demadem, ὑπὲρ δωδεκαετίας, Gorgiam, *de Laudibus Helenae.*

13 Sauppe, 85.

14 De libris manu scriptis X, Am_4, C, cf. Donadi[4].

15.100	ὁρῶμεν] ἐρῶμεν (sed ὁ superscr.)
16.103	{καὶ} πολέμιος ἐπὶ πολέμιον
16.104	προβλήματα εἰ θεάσαιτο
19.124	ὁ ἥσσων] ὃ ἧσσον
19.125	τοῦτον om.
20.127	πάντως] πάντων

Manifestum est, cum duae dumtaxat omissiones (2.12: καὶ δεῖξαι om.; 4.22 s.: ἐπὶ μεγάλης φρονούντων) adiungantur mendis et coniecturis codicis Am_4, C sine ullo dubio apographum esse codicis Am_4.

Medio saeculo decimo quinto conlocantur M, N (subscriptus anno 18.11.1453), Mu (quibus adiungitur Fl, qui tamen ex familia codicis R pendet); manu eiusdem scribae, Michaelis Scutariotae, descripti sunt directa via ex Palatino X (qui in illis temporibus Paduae commorabatur). Qua re, paupertate lectionum dissentientium et peculiarium, isti codices classem indistinctam (in stemmate rectangulari figura circumscripti, quam Σ siglavimus) constituunt:[15] ex quibus Hn, I (scriba: Cosmas Ieromonacus), E (scriba: Marcus Musurus), K (scriba: Aristobulus Apostolius); attamen Br (itidem manu praefati Apostolii) et Pa_2 per suppositum ι promanant:[16]

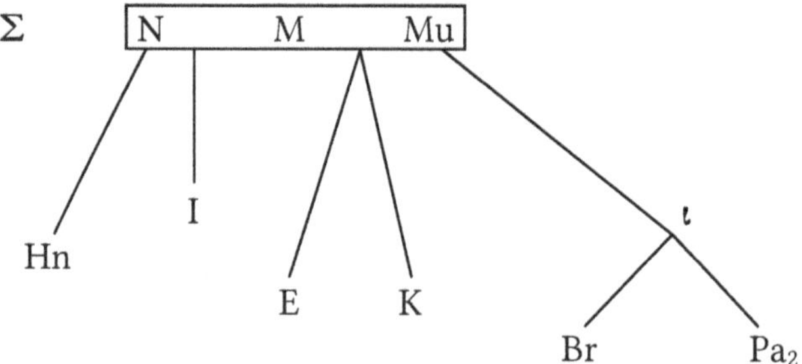

15 "A monte dei tre testimoni della tradizione 'palatina' degli oratori – Laur. Plut. 57.52, Marc. Gr. VIII. 1 e Ambr. A 99 sup. – pare collocarsi quella che Guido Avezzù ha felicemente indicato come 'l'edizione fiorentina uscita dal calamo' di Giovanni Scutariota, rappresentata da due codici Vaticani, Vat. Gr. 66 e Vat. Gr. 1366, e dal ms. gr. 3 della Biblioteca Universitaria di Mosca" (Speranzi[6], 72).

16 Cf. Donadi 1982, XXXIX–XLIV, Speranzi[6], 72 s.

3.6 Matritensis La et Divi Marci bibliothecae huc usque nondum repertus Λ

Reliquum est ut mentionem faciamus codicis Matritensis La, a Constantino Lascare exarati, qui ex hyparchetypo fluens ε, paucisque casibus ab ipsomet ε dissentiens, cum A consentit (fortasse eo quod Graece diceretur «πεποιημένῳ ὀνόματι», πολυγένησις):

Tabula VIII

	hyparchetypus ε	**La**
1.4	πρᾶγμα	καὶ πρᾶγμα A η
5.31	εἰς τὴν Τροίαν	εἰς Τροίαν A^pr
6.38	ἄρχεσθαι	ἄρχεσθαί ⟨τε⟩ ζ
6.39	θεοὶ… κρεῖσσον	θεὸς (A)… κρεῖσσον (La)
12.75	ανουνεαν	[οὐ] νέαν οὖσαν
14.90	νόμου	λόγου A ζ η E
19.125	τούτων	τοῦτον A γ V ζ
21.135	ἐπ' ἀρχῇ	ἐν ἀρχῇ A H

Pro certo La pendet ex codice Palatino Graeco 88 (X). Veri simile est codicem X Florentiam perlatum esse a Manuele Chrysolora eodem anno quo ille in Italiam appulerit (1397). Post Crysolorae mortem (anno 1415) eius bibliotheca a Palla Strozzi (anno 1424) empta est. In exilium eiectus, ille secum bibliothecam Paduam duxit anno 1434. Codicem X fuisse inter libros quos Palla Strozzi secum duxit, recentibus patet investigationibus.[17] Cum Constantinus e Mediolano se Neapolim contulisset, regis Ferdinandi Primi de Aragonia benigna et hospitali invitatione anno 1465, fortasse Patavii in S. Justinae de Padua monasterio, quod hereditate Pallae Strozzi bibliothecam accepit (anno 1462), codicem X descripsit et ibi, sine ullo dubio, apographum ms. Palatini, ope ingenii auxilioque codicis Y, Michaelis Lygizi manu, emendavit, et La in lucem suscepit. Ab anno 1465 morte tenus Constantinus Messanae litteras profitens Graecas in monasterio Sancti Salvatoris moratus est. Codex La cum viri doctissimi bibliotheca urbi Messanae hereditate traditus est; denique duobus post saeculis in regis Philippi II bibliothecam Matritensem libri perducti sunt.

17 Cf. Avezzù[5], LXXXI–LXXXIV.

Atque Constantinus Lascaris, cum Alphonso Calabriae duci (qui vero Hippolitam Sfortiam, illius dilectissimam discipulam, uxorem duxisset) *Vitas illustrium philosophorum Siculorum et Calabrorum* dicavisset, sub Gorgiae voce, testatus est tres Gorgiae orationes sibi cognitas in bibliotheca Medicea Divi Marci extitisse:

> Gorgias Leontinus, orator subtilis, discipulus Empedoclis ac Tisiae. Primus Athenis artem oratoriam publice legit, multosque docuit. Plura in arte edidit, plura composuit. Huius tres extant orationes quas ego legi in bibliotheca Divi Marci.[18]

Hanc notitiam Petrus Bembus in praefatione *Helenae laudationis* dicatae Siciliae proregi Ferdinando de Acunia confirmavit:

> Accipe (...) Gorgiae nostri laudationem quam in Helenam lusit (ut fatetur) unam quae ad manus nostras pervenit ex tribus orationibus (quod ego sciam) ex tot tanti viri scriptis, coetera insidiosa nobis aetas invidit.[19]

Attamen codex X et eius apographi solum *Helenae laudationem* continent, et testem Burneianum B (qui iuxta Ἑλένης ἐγκώμιον collocat Ὑπὲρ Παλαμέδους ἀπολογίαν) Ianus Lascaris Florentiam anno 1492 perduxit, cum Constantinus Florentiae anno 1465 moratus esset, in itinere Messanas versus. Adde quod reliqui Florentini codices, *Helenae laudationem* continentes (C, E, Fl), in suspicionem non apparent revocandi. Codicem nondum repertum, quem Constantinus se inspexisse testatur, Λ siglamus.[20]

* * *

Petrus Bembus et eius amicus Angelus Gabriel duos annos Messanae morati sunt (1492–1494) ut graecis litteris a Constantino imbuerentur. Venetias rediens, Bembus translationem *Helenae laudationis*, Messanae confectam Constantino magistro et auctore, secum tulit. Exemplar quoque graecum Bembus, quo usus est in

18 Vide *Gorgiae Leontini interpretatiunculam praefatio*, 23–30 et n. 2, Lascaris, 918.

19 Cf. Donadi[3], 175–184; Donadi 1983, IX–XXV.

20 Cf. Speranzi[5], 273–279.

versione Latina conficienda, secum attulit (sine ullo dubio copiam codicis La, quae in promptu fuit in aedibus Aldi ad textum apparandum). Marcus Musurus in *Rhetorum Graecorum* editione principe (Venetiis apud Aldum et Andream socerum 1513) textum codicis Vatopediani (Burn. 96 et Marcianum Graecum LVII, Lysiam continens) se secutum esse scripsit:

> Id quod eo gratius tibi futurum existimavi, quas plerique horum (*scil.* oratorum) scripserunt orationes, multis seculis abditae latuerunt. Latebant autem in Atho, Thraciae monte. Eas Lascaris is, qui abhinc quinquennium pro Christianissimo Rege Venetiis summa cum laude legatum agebat, doctissimus et ad unguem factus homo, in Italiam reportavit. Miserat enim ipsum Laurentius ille Medices in Graeciam ad inquirendos simul, et quantovis emendos pretio bonos libros: *unde Florentiam et cum iis ipsis orationibus, et cum aliis tum raris tum pretiosis voluminibus rediit.*[21]

Sed in Aldi nuncupatione, Egnatii nomine inscripta, Aldus ipse affirmavit se in hac editione Alcidamantis orationem *Contra sophistas*, Gorgiae *Helenam*, et Aristidis orationes Musuri hortatu adiunxisse:

> Addimus hisce Isocratis orationibus, Musuri nostri hortatu, Alcidamantis orationem *Contra dicendi magistros,* Gorgiae *De laudibus Helenae,* Aristidis *De laudibus Athenarum.*[22]

Hoc ex paginarum numeratione patet: Isocratis textus pagina 197 concluditur, cui sequitur index; Alcidamas pagina 98 incipit (manifesta typographi menda), tardae insertionis causa. Musurus, nostra quidem opinione, in illa editione componenda, non solum Alcidamantem et Gorgiam adiunxit, sed etiam, quod ad Gorgiae *Helenam* attinet, quamvis sua manu textum (cum multis coniecturis) in Laurentiano LVII. 52 Lysiam continente, dum Florentiae incoleret, descripsisset, testem, quo Bembus usus esset in sua translatione conficienda, fama videlicet et auctoritate exemplaris, recepit.

21 Cf. Dionisotti-Orlandi I, 114–116; II, 281–283. Donadi^3, 171.

22 Cf. Dionisotti-Orlandi I, 116–117; II, 283 s. Donadi^3, 174.

Tabula IX
lectiones peculiares codicis Lascariani (La) ab Aldina receptae[23]

2.12	καὶ παῦσαι] ἢ παῦσαι
4.26	εὐκινήτου* (cf. tab. X)
5.27	⟨ὁ⟩ τὴν Ἑλένην
6.34	⟨ἢ ἔρωτι ἁλοῦσα⟩
6.38	καὶ τὸ μὲν] τὸ μὲν γὰρ
6.39	κρεῖσσον] κρείσσων
7.49	ἔπαθε] πέπονθε
8.50	εἰ δὲ λόγος ⟨ἦν⟩
9.56	καὶ νομίζω] νομίζω*
10.62	ἐπαγωγοὶ ⟨μὲν⟩ ἀπαγωγοὶ ⟨δὲ⟩
11.66	πείθουσι δὲ] πείθουσι
12.75	ὕμνος ἦλθεν secl.
12.75	ὁμοίως νέαν οὖσαν
12.76	ἁρπασθῆναι
12.76 s.	τὸ γὰρ τῆς πειθοῦς...] τῇ γὰρ πειθοῖ ὁ νοῦς παρεσύρε (παρασύρε Ald)
12.77 s.	ὄνειδος μέν, τὴν...*
12.78	τὴν ψυχὴν ὁ πείσας] ὁ τὴν ψυχὴν πείσας*
12.78	ἦν] ἣν
16.103	πολέμιον ἐπὶ πολέμιον*
16.105 s.	κινδύνου τοῦ μέλλοντος ὄντος
16.106	ἰσχυρῶς γὰρ ἡ
16.109	διὰ τὴν δίκην] διὰ τὴν γνώμην*
17.115 s.	⟨τὰ⟩ λεγόμενα
18.119	τοῖς ὄμμασιν ⟨ὄψιν⟩
18.121	⟨τῶν⟩ πραγμάτων
19.124	θείαν δύναμιν ⟨κρατεῖ⟩

Praeterea in exemplari lascariano La multae lectiones in margine et interlineares quae dicuntur extant, quas manifestum est emanasse ex codice Oxoniensi Barocciano Graeco 119 (Y): cuius scriptio pro certo Constantini Lascaris manui tribuenda est. Altera ex parte, in codicem Y, cuius scriba de viri docti Lobel sententia Michael Lygizus adsignandus fuit, multae lectiones ipsius Lascaris in interlineam et in marginem invicem fluxerunt.

23 Asteriscum adposui ut innovationes codicis La indicarem quae Ald non recepit.

Tabula X
Lectiones ex codice Y in margine et in interlinea codicis lascariani L

2.8	ὁμόψηφος καὶ ὁμόφωνος: ὁμόψυχος supra lineam
4.26	εὐκινήτου: superscr. ἀνικήτου
5.30	γενέσθαι: superscr. γεγενέσθαι
7.43	ἐδυστύχησεν: superscr. ἠδίκηται
7.44	ἢ: superscr. ὡς
7.49	οἰκτίρειν: superscr. οἰκτεῖραι
9.58	φίλος φιλοπένθης (sic): in marg. ζῆλος ζηλοπαζής
16.103	κόσμῳ: superscr. κόσμον

Tabula XI
Lectiones ex codice La in margine et in interlinea codicis Y a Constantino Lascare superscriptae

6.34	ἢ ἔρωτι ἁλοῦσα La add. in marg.
6.37	supra κρεῖσσον La scr. κρεῖττον
9.58	φίλος φιλοπενθής La add. in marg.
12.75 s.	ὁμοίως...παρεσύρη La add. in marg. et priorem lectionem del.
16.109	supra δίκην La scr. γνώμην
18.119	supra σώμασιν La scr. ὄμμασιν
19.122	supra σῶμα La scr. ὄμμα
19.124	post δύναμιν La suppl. κρατεῖ

Editionem principem Aldinam ex codice La pendere nemo negaverit, paucis lectionibus exclusis in quibus Musurus, qui ab anno MDX litteras Graecas Venetiis in schola Sancti Marci profitebatur, aliam fontem sequebatur, haud dubie Marcianum Graecum VIII. 1 (K), scriba Aristobulo Apostolio, quod videlicet exemplar Musurus ipse possederit.

Tabula XII
lectiones peculiares editionis principis Aldinae digredientes a codice Lascariano La

3.18	φάναι] φῦναι
7.43	ἡ δὲ] εἰ δὲ
7.46	ἡ δὲ] εἰ δὲ
11.71	ἔχει] εἶχεν
12.76	ὥσπερ εἰ] ὡς περὶ
13.86	τοὺς ἀναγκαίους] ἀγοραίους
13.87	ἔτερψε] ἔτρεψε
14.92	ἄλλους ἀλλαχοῦ] ἄλλα ἀλλαχοῦ
15.102	κἂν τοῖς] καινοῖς

16.103 ὀπλίσει] ὀπλίσης
16.105 s. κινδύνου μέλλοντος ⟨οὐδέπω⟩ ὄντος
17.114 ἐνέγραψεν] ἀνέγραψεν (= I E)
18.120 λυπεῖν] λιπεῖν
19.127 ἦλθε γὰρ ὡς ἦλθε] om. ὡς

Qua ex re, haec stemmatis pars deducitur:

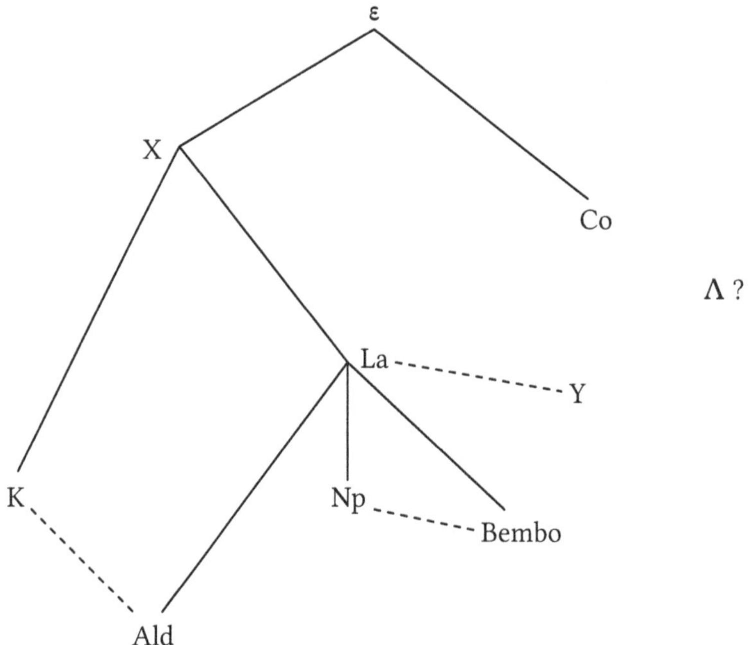

4. HVIVS EDITIONIS RATIO

2.1.1 In hac editione conficienda pro fundamento habuimus, ut supra memoravimus, codicem perantiquum Burneianum A, nonnullos errores (nostra quidem sententia) et lapsus codicis Burneiani auxilio codicum familiae β (exempli causa: 4.24: ἰδίας pro οἰκείας; 4. 39: ἴσον pro ἧσσον: ithacysmi) corrigentes.

Nobis persuasum est servandas esse praecipue codicum lectiones, praesertim cum Burneianus A et codices qui e β fluxerunt, consentiant. Qua de causa, deseruimus nonnullas ope ingenii emendationes quas in nostra prolata editione secuti sumus.

2. 6–9:
Donadi 1982: τοῦ δ' αὐτοῦ ἀνδρὸς λέξαι τε τὸ δέον ὀρθῶς καὶ ἐλέγξαι ⟨…⟩ τοὺς μεμφομένους Ἑλένην, γυναῖκα περὶ ἧς ὁμόφωνος καὶ ὁμόψυχος γέγονεν ἥ τε τῶν ποιητῶν ⟨…⟩ ⟨ἥ τε τῶν⟩ (lacunas signavit Dobree, ⟨ἥ τε τῶν⟩ suppl. Bla.): haec editio: τοῦ δ' αὐτοῦ ἀνδρὸς λέξαι τε τὸ δέον ὀρθῶς καὶ ἐλέγξαι τοὺς μεμφομένους Ἑλένην, γυναῖκα περὶ ἧς ὁμόφωνος καὶ ὁμόψυχος γέγονεν ἥ τε τῶν ποιητῶν ἀκουσάντων πίστις (A β)

3.15.16:
Donadi 1982: πατρὸς δὲ τοῦ μὲν γενομένου θεοῦ, τοῦ δὲ λεγομένου θνητοῦ (β): haec editio: πατρὸς δὲ τοῦ μὲν γενομένου θεοῦ, λεγομένου δὲ θνητοῦ (A)

4. 22:
Donadi 1982: μεγάλα (β): haec editio: μέγα

11. 69:
Donadi 1982: οὐκ ἂν ὁμοίως ὅμοιος ὢν (β): haec editio: οὐκ ἂν ὁμοίως ὅμοιος ἦν (A)

Donadi 1982: ὁ λόγος ἠ⟨πά⟩τα· νῦν δὲ (Blass): haec editio: ὁ λόγος· ἐπεὶ τὰ νῦν γε (Sauppe Buchheim)

16.107:
Donadi 1982: τοῦ πόνου con.: haec editio: τοῦ νόμου A β ("Überraschungsabsicht von Gorgias selbst"? Cf. Buchheim, 171 s., n. 35).

19.128:
Donadi 1982: τύχης (Rei.): τέχνης (A β)

Quid de ratione et indole (quae intercedant inter duas codicum classes A et β) sentiamus, supra dictum est. Quamquam vitia nonnulla ambabus non desint, eius auctoritate innixi codicem A secuti sumus.

1. Lectiones codicis A quae inveniuntur etiam in nonnullis hyparchetypis ex supposito β fluentibus

1.5	ἐπιθεῖναι A γ V ζ: ἐπιτιθέναι ε
7.43	ὡς A γ ζ: ἢ δ
9.57	ἢ ὡς A γ V ζ: ἧς τοὺς ε

15.100	ἃ γὰρ A γ V ζ: καὶ γὰρ ε
17.111	χρόνῳ A γ V ζ: om. ε
19.122	σῶμα A γ ζ: ὄμμα δ
19.125	τοῦτον A γ V ζ: τούτων ε

2. Omissiones codicum ex β fluentium quae auxilio codicis A sanari potuerunt

1.4	καὶ πρᾶγμα A: πρᾶγμα β
2.9	φήμη ὃ A: φήμη β
10.64	αὐτὴν γοητείᾳ A: αὐτὴν om. β
13.81	τῷ λόγῳ A: τῷ om. β
15.99	ταῦτα πάντα A: πάντα β
15.100 s.	ὁρῶμεν ἔχει φύσιν οὐχ A: ὁρῶμεν οὐχ β
18.121	πραγμάτων καὶ σωμάτων A: πραγμάτων β
20.132	ἔπραξεν ἃ ἔπραξε A: ἃ ἔπραξε β

2a. Duobus in locis β sanat (vel potius ope ingenii emendat) omissiones codicis A:

4.19	τοιούτων δὲ β: τοιούτων A
12.78	τὴν ψυχὴν β: ψυχὴν A

3. Conversiones (sequentibus in locis A succurrit β, neglegentiorem et acceleratum):

2.8	ὁμόφωνος καὶ ὁμόψυχος A: ὁμόψυχος καὶ ὁμόφωνος β
7.45 s.	καὶ λόγῳ καὶ νόμῳ καὶ ἔργῳ, λόγῳ μὲν αἰτίας, νόμῳ δὲ ἀτιμίας A: καὶ νόμῳ καὶ λόγῳ καὶ ἔργῳ, νόμῳ μὲν ἀτιμίας, λόγῳ δὲ αἰτίας β
13.84 s.	ἄπιστα καὶ ἄδηλα A: ἄδηλα καὶ ἄπιστα β
17.112	ματαίοις πόνοις καὶ δειναῖς νόσοις A: ματαίαις νόσοις καὶ δεινοῖς πόνοις β

3a. Sine ullo dubio lectio hyparchetypi β praeferenda est:

14.96	ἐφαρμάκευσαν καὶ ἐξεγοήτευσαν β: ἐξεφαρμάκευσαν καὶ ἐγοήτευσαν A

4. Lapsus nostra quidem sententia codicis A:

4.24	οἰκείας β: ἰδίας A (ithacismus)
5.27 s.	εἰδόσιν ἃ β: εἰδόσιν
6.37, 39	ἧσσον β: ἴσον A (ithacismus)
10.62	ἀπαγωγοὶ λύπης β: ἐπαγωγοὶ λύπης A
14.94	ἔτερψαν β: ἔτρεψαν A

4. Lapsus hyparchetypi β:

9.59 εὐτυχίαις καὶ δυσπραγίαις A: εὐτυχίας καὶ δυσπραγίας β

5. Lectiones faciliores hyparchetypi β:

6.32 s. βουλήμασι… βουλεύμασι… ψηφίσμασιν A: βουλήματι… κελεύσματι… ψηφίσματι β
6.39 θεὸς A: θεοὶ β
6.40 τῷ θεῷ A: τῇ θεῷ β
10.61 ἐπῳδαὶ A: ἡδοναὶ β

5a. lectio facilior codicis A:

18.121 ἐνεργάζεται β: ἐργάζονται A

Virorum doctorum nonnullas coniecturas recepimus usque ad nostra tempora, praecipue aetatis quae dicitur humanisticae (videlicet tam Nostrorum quam Graecorum et aliarum gentium), inter quos nullo modo praetermittendi Constantinus Lascaris, Andronicus Callistus, Marcus Musurus (qui sine ullo dubio editionem principem curavit Aldinam) et e codice Lascariano La haec editio accepit:

2.12: καὶ La Ald: ἢ A β: {ἢ} Bla. Imm.
6.34: ⟨ἢ ἔρωτι ἀλοῦσα⟩ La
6.36: προμηθίᾳ La: προμηθείᾳ A β
12.75: {ὕμνος ἦλθεν} La: ὕμνος ἦλθεν A β: †ὕμνος ἦλθεν† scripsi
12.76: ἁρπασθῆναι La Ald: ἡρπάσθη A β

Quae videlicet lascariana coniectura (12.76), archetypi causa in illo loco corrupti, nobis apparuit recte aestimanda, quamvis tenuis: ea de ratione nonnisi invisa Minerva huiusmodi semitam ingressi sumus, cum nobis nostra quidem sententia nulla potior alia sese offerret.

Ex Andronico Callisto (Am_4) duas integrationes recipiendas esse censuimus:

13.88: τρίτον ⟨δὲ⟩
14.92: ἄλλους ἀλλαχοῦ] ἄλλους ἄλλα χυμοὺς
17.115: οἷάπερ ⟨τὰ⟩ (etiam La Ald)

Conati sumus quidem textum traditum ab archetypo quantum nobis licuit servare, exempli causa:

16.105 s.: κινδύνου τοῦ μέλλοντος ὄντος A β: ἀκινδύνου τοῦ μέλλοντος ὄντος γ: κινδύνου μέλλοντος ὄντος La: κινδύνου τοῦ μέλλοντος ⟨οὐδέπω⟩ ὄντος La: κινδύνου τοῦ μέλλοντος ⟨ ὡς⟩ ὄντος Die.
16.107: ἀλήθεια A β: συνήθεια Die. : ἐπιλήθεια Imm. : ἀμέλεια MacDowell
16.107: εἰσῳκίσθη A β: ἐξῳκίσθη Can. Rei. Die.
16.109: ἀσμενίσαι A β: ἀμελῆσαι Can. Bek. (dubitanter) Die.

Inter cruces duos locos posuimus quippe quae ne omnium quidem codicum qui suppetunt auxilio sanari possint:

12.75: †ὕμνος ἦλθεν†
12.67 s.: †τὸ γὰρ τῆς πειθοῦς ἐξῆν ὁ δὲ νοῦς καίτοι εἰ ἀνάγκη ὁ εἰδὼς ἕξει μὲν οὖν†

Quod autem ad coniecturas attinet, nonnunquam eis temere vel vero intemperantius viri docti usi sunt quam ipse admiserit Gorgias, praecipue Otto Immisch, qui textum gorgianum Berolini anno 1927 recognovit et edidit. Nos tantummodo (necessitate coacti, cum periodus careat verbo) ope ingenii textum semel emendavimus:

19.125: θεὸς θεῶν θείαν δύναμιν ⟨ἔχει⟩ scripsi: θεὸς ⟨ὢν ἔχει⟩ θεῶν θείαν δύναμιν Bla. : θεὸς θεῶν θείαν δύναμιν A β

Praeterea coniecturam recepimus quam mihi Carolus Diano, optimus ac doctissimus litterarum Graecarum magister meus in patavina Universitate, viva olim rettulit voce:

16.105: τοῦ μὲν ἀλεξητήριον τοῦ δὲ πρόβλημα, τ⟨ῇ θέ⟩ᾳ θεάσηται Diano: προβλήματα εἰ A β: θεάσηται Sau.: θεάσεται A β· θεάσαιτο Am$_4$

Quantum ad orthographiae methodum pertinet, tandem hanc nobis rationem delegimus adhibendam: videlicet nobis eandem viam proponendo, quam olim D.-K., qui colorem ionicum linguae qua Gorgias usus est, recte refovit: "Der ionisierende Dialekt hat gelitten. Z.B. ist statt πράσσειν, wie Gorgias schrieb, überall ausser 11 a § 27 πράττειν überliefert. Dagegen ist κρεῖσσον, ἧσσον, γίνεσθαι meist erhalten" (D.-K., 288).

4.25: φιλονίκου Sau.: φιλονείκου A β
6.36: προμηθίᾳ La Ald E M Am$_2$ Pa$_2$: προμηθείᾳ A β
6.37: κρεῖσσον A γ δ: κρεῖττον ζ Y
6.38: κρείσσονος A R Am$_4$; κρείττονος Am$_3$ δ ζ

6.39: ἧσσον ζ Am_4: ἧττον γ δ (ἴσον A)
7.49: οἰκτίρειν scripsi: οἰκτείρειν A δ ζ (cfr. οἰκτῖραι Bla. < οἰκτεῖραι γ)
8.52: σμικροτάτῳ A Am_3 V X Am_4: : μικροτάτῳ R Co M N La Ald
(σμικροτάτῳ τῷ ζ)
10.62: γίνονται· συγγινομένη A γ Am_4 La Ald: γίνονται· συγγιγνομένη V X
: γίγνονται· συγγινομένη Co: γίνονται· συγγιγνομένη ζ
12.76: βιαστήριον M: βιατήριον A γ δ: βατήριον ζ (βακτήριον Pl_3)
16.110: γινομένου Die.: γιγνομένου A β

5. CONCLVSIONES

In hoc textu edendo maxime enixi sumus ut lectiones ab archetypo traditas (A et β congruentibus) servaremus, rati emendationes ope ingenii semper suspiciosas esse (cum verba scriptoris ipsa deficiant); qua de causa nobis persuasum est, ubi necesse sit locum periclitantem fulcire coniecturae vel integrationis subsidio, trabibus ligneis uti, sine luminibus aliisque ornamentis qui imitari conentur Gorgiae concinnitatis consectationem festivitatesque, quibus, ut Cicero ait, intemperantius ille usus est. Qua de re nobis visum est maxime enitendum esse textum abunde instructum emendationibus non necessariis et nullius saepe momenti purgare et ad pristinas archetypi lectiones restituere, exceptis paucis casibus supra dictis, inter quos, vel gemma, lucet Constantini Lascaris integratio ad locum 6. 34 ⟨ἢ ἔρωτι ἁλοῦσα⟩.

Plurimas tribuimus grates imprimis v. d. Stephano Paleario (Pagliaroli) qui pro sua eximia benignitate et comitate nos adiuvavit ut ad operis consummationem appulere possemus, gratoque animo recolimus crebra cum eo colloquia ad rem criticam spectantia. Nec praeterluere possemus auxilii mentionem quod nobis attulerunt, qua sua est comitas peritiaque ac diligentia, in edendo glossario totoque in opere castigando, Antonia Marchiori, Valeria Turra, Francesco Lupi et Paulus Scattolin, qui, utpote lynceis oculis praeditus, iam in limine preli, plagulas nostras percurrit. Itidemque grates agimus charissimo doctissimoque amico nostro Andreae Tessier, litteras in Athenaeo Tergestino profitenti Graecas. Nec praetermittendi videntur Serena Pirrotta, huius temporis Bibliothecae Teubnerianae redactor, Katharina Legutke et Florianus Ruppenstein, qui summa cum diligentia textum apparatumque et cetera

machina scriptoria descripsit. Emma vero Maria, dilectissima nostra, lateri semper humanissime nostro adhaesit, nos sufful-ciendo ne spe atque corde deficeremus.

Dabamus Veronae mense Februarii MMXV

STEMMA CODICVM

Codices, quorum mutuae relationes depromi non possunt, rectangulari figura circumscripsi.

Codicem suppositum Λ in stemmate pingendum non duxi.

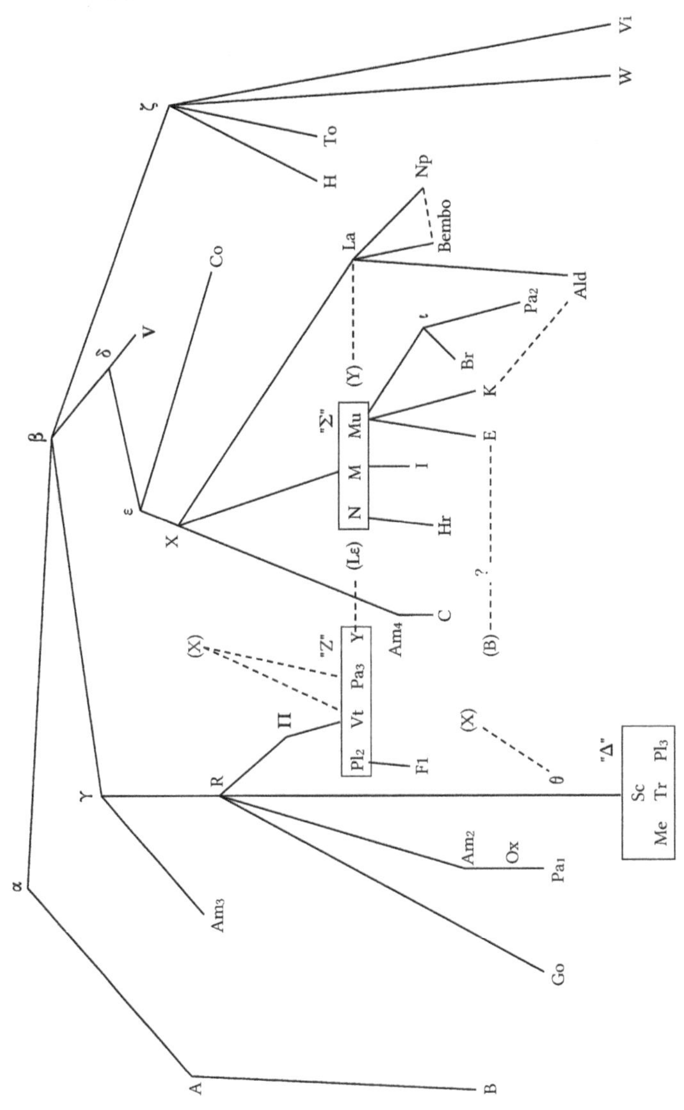

LIBRI MANV SCRIPTI QVI EDITIONIS PARANDAE CAVSA INSPECTI SVNT

CONSPECTVS CODICVM HELENAE ENCOMII

Directa traditio

Bruxelles, Bibliothèque royale Albert Ier

Br *Bruxellensis* 11262–11269 (Gr. 64), 70–73*v.*
Saec. XV med. / ex., chart., 73.
Scriba: Michael Apostolius.

San Lorenzo de El Escorial, Real Biblioteca del Monasterio

Sc *Scurialensis* **Φ**. II. 12 (209), 16*v*–18*v.*
Saec. XVI, chart., 311.
Hic liber fuit Patricio Chersio.

Firenze, Biblioteca Medicea Laurenziana

B *Laurentianus* IV. 11, 103–104*v.*
1491–1492, chart., 125.
Scriba: ‹Marcus Musurus› (Speranzi[4], 344–359; Speranzi[6], 70–72).

C *Laurentianus* LVII. 4, 137–139.
Exaratus annis 1459–1475, chart., 155.
Scriba ‹ Ioannes Rhosus› (cf. Donadi[4], 245 s. et specimen).

E *Laurentianus* LVII. 52, 166–169.
Saec. XV ex., chart., 185.
Scriba: Marco di Giovanni ‹Musurus›, Florentiae (subscr. 165*v*; Speranzi[6], 200–202).

Fl *Laurentianus* LXX. 35, 12*v*–15*v*.
Saec. XV medio, membr., 109.
Scriba: ‹Ioannes Scutariota› (*V.-G.* 198).

Gotha, Forschungs- und Landesbibliothek

Go *Gothanus* Chart. B 572, 2–4.
Saec. XVI, chart.

Heidelberg, Universitätsbliothek

X *Palatinus* Gr. 88, 138*v*–141.
Saec. XII, membr., 142.
Scriba: Theodorus (subscr. 1).

London, British Library

A *Burneianus* 95 (*Crippsianus*), 152*v*–154.
Saec. XIV in., membr. 170.
Scriba: "Metochitesschreiber" quidam (Cavallo, in Albini[4], 11 n. 1; Prato, Speranzi[3], 337–341).

København, Det Kongelige Bibliotek

Hn *Hauniensis* GKS 1898, 5–12*v*.
Saec. XV, chart., 15.

Madrid, Biblioteca Nacional de España

La *Matritensis* 7210 (N 98), 5–8*v*.
Saec. XV med. / ex., chart., 146.
Scriba: ‹Constantinus Lascaris› (V.-G., 245).

Messina, Biblioteca Regionale Universitaria "Giacomo Longo"

Me *Messanensis* Gr.12 (ιβ′), 153*v*–160*v*.
Saec. XVI med./ ex., chart., 176.
Scriba: Andreas Darmarius (subscr. 160*v*).

Milano, Veneranda Biblioteca Ambrosiana

Am_2 *Ambrosianus* D 15 sup. (olim V 478 = Gr. 218), 135–137.
Saec. XV ex., chart., 137.
Scriba: totum codicem Michael Suliardus praeter *Helenae laudationem* et alia nonnulla exaravit. Pars codicis *Ambrosiani* Gr. 174 (cf. Martini-Bassi *Cat.* I, 237).

Am_3 *Ambrosianus* D 42 sup. (olim V 468= Gr. 230), 81–83*v*.
Saec. XIV, chart., 119.

Am_4 *Ambrosianus* H 52 sup. (Gr. 436), ff.117*v*–120*v*.
(1–136), 1459–1462 (Avezzù, 84–86).
Scriba: (1–136) ‹Andronicus Callistus› (Donadi[4], 240–245), "presumibilmente a Padova" (Avezzù[5], 84–86).

Moskwa, Biblioteka Moskovskogo Universiteta

Mu *Muscoviensis* Bibl. Univ. Gr. 3 (olim *Coislinianus* 342), 111–113.
Scriba: ‹Ioannes Scutariota› (Canart apud Fonkic, 101).

Napoli, Biblioteca Nazionale

Np *Neapolitanus* II D. 26 (Gr. 122), 1*v*–4*v*.
Saec. XV med. / ex. , chart., 24.

Oxford, Bodleian Library

Ox *Oxoniensis* Auct. F. 4. 5 (misc. 104, olim 2290), 125–130.
(76–137) saec. XV ex., chart., 220.
Scriba: ‹Michael Suliardus› (*RGK* I nr. 286).

Y *Oxoniensis* Barocc. Gr. 119, 109–112.
Scriba: ‹Michael Lygizus› (Lobel, 57). Lectiones in margine et suprascriptae ‹Constantini Lascaris› (Donadi 1982, XXXII–XXXIII, XLVI).

Paris, Bibliothèque Nationale de France

R *Parisinus* Gr. 1038 (olim *Mediceus Reginensis* 2913), 219–221.
Saec. XIV in. / med., chart., 221.

Pa_1 *Parisinus* Gr. 2866, 107–108*v*.
Saecc. XV–XVI (Omont *cat.*), sed haud dubie saec. XVI in., chart., 203.

Pa_2 *Parisinus* Gr. 2866, 77–81*v*.
Saecc. XV–XVI, chart., 87.

Pa_3 *Parisinus* Gr. 2955, 115*v*–118*v*.
Saec. XV, chart., 253.

W *Parisinus* Gr. 3009, 172.76.
Saec. XVI, chart., 253.

V *Parisinus* Coisl. 249, 74*v*–76.
Saecc. X ex. – XI in., membr., eiusdem aetatis scribae I (1–100, 148–168*v*) et II (101–147*v*).

Toledo, Biblioteca del Cabildo

To Toletanus 101–116, 462 ss.
Saec. XV prima pars, chart., 472.

Torino, Biblioteca Nazionale Universitaria

Tr *Taurinensis* Gr. 108 (C. IV. 27), 62*v*–65.
Saec. XVI med. / ex., chart., 81, "Olim Andreae Darmarii" (Pasini I, 214).

Vaticano, Biblioteca Apostolica Vaticana

M *Vaticanus* Gr. 66, 97–99.
Saec. XV med. (∓ 1453), membr., 113.
Scriba: ‹Joannes Scutariota› (Albini², LI, LXIV; Canart, 68). Codex apud Argyropulum inter annos 1481 et 1484 nomine et sumptu Bibliothecae Vaticanae emptus est (cf. Mercati-Franchi De' Cavalieri *cat.*, 62; Devreesse, 133).

Vt *Vaticanus* Gr. 894, 37–43.
Saec. XV med. / ex., chart. 119.

N *Vaticanus* Gr. 1366, 99–101.
18. 3. 1453 (subscr. 111*v*), carth., 114.
Scriba: ‹Joannes Scutariota› (Albini², LI, LXIV; Canart, 68).

Co *Vaticanus* Gr. 2207, 313*v*–314*v* (mutilus: textus desinit a 20.130, τὸν τῆς).
Saec. XIV in., chart., 314.

Pl_1 *Vaticanus* Pal. Gr. 117, 165*v*–167*v*.
Saec. XV med. (Arnim, XXII), chart., 217.

Pl_2 *Vaticanus* Pal. Gr. 179, 14–17*v*.
Saec. XV, membr., 140.
"Olim Iannotii Manetti" (Stevenson *cat.*, 254).

Pl_3 *Vaticanus* Pal. Gr. 404, 102*v*–107.
1579 (subscr. 168), chart., 168.
Andreas Darmarius (subscr. 168).

Venezia, Biblioteca Nazionale Marciana

H *Marcianus* Gr. 422 (coll. 900), 80*v*–81.
Saec. XV in., chart., 220.

I *Marcianus* Gr. 522 (coll. 317), 77*v*–79*v*.
1465–1468, membr., 233.
Scriba: ‹Cosmas Ieronomachus› (Mioni³, 300).

K *Marcianus* Gr. VIII. 1 (coll. 1159), 90–91*v.*
Saec. XV *ex.*, 103.
Scriba: ‹Aristobulus Apostolius› (Mioni[1], 22; Speranzi[6], 284 s.)

Wien, Nationalbibliothek

Vi *Vindobonensis* phil. Gr. 12, 118–120.
Saec. XVI, chart., 345.

Obliqua traditio

1.1 Κόσμος... ψυχῇ : Anton. Mel. I 51. 21 (*PG* 136, 940).
1.2–5 τὰ δὲ ἐναντία... μωμητά: Anton. Mel. I. 51. 21 (*PG* 136, 940).
10.54 s αἱ γὰρ... γίνονται: *Lex. Vind.* 68 s. Nauck.
11.65 σφαλεραῖς... χρωμένους: *Lex. Vind.* 149 Nauck.

CONSPECTVS CODICVM PETRI BEMBI GORGIAE LEONTINI IN HELENAM LAVDATIO

V Florentinus BNC II VII. 125
Praefatio et *Laudatio*: 226–231v.
Scriba: Pietro Vizani : Expl. *Laudationis*: “Finis per Pyrrum Vizanum amplexus est. Anno a N(ativitate) D(omini) N(ostri) I(esu) X(risti) MCCCCLXXXXIII. Die prima Maii”.
Cf. Fantuzzi, 201–206, nunc in Mazzatinti-Pintor, 211–213.

M Marcianus It. X. 367 (=7123)
Praefatio ac laudatio: 25–29v (altera numeratio addita est: 1–10).
Scriba: J. Morelli
misc. XIX saec.

LIBRI IMPRESSI

1. ENCOMII HELENAE EDITIONES

Aldina[1]: *Rhetorum Graecorum Orationes. Graece. Pars prima. Orationes horum rhetorum: Aeschinis, Lysiae, Alcidamantis, Antisthenis, Demadis, Andocidis, Isaei, Dinarchi, Antiphontis, Lycurgi, Gorgiae, Lesbonactis, Herodis. Item Aeschinis vita, Lysiae vita* (sine loco nec anno, sed cf. alias partes: Venetiis in Aedibus Aldi et Andreae soceri, 1513). *Pars secunda. Orationes infrascriptorum rhetorum: Andocidis; Isaei, Dinarchi, Antiphontis, Lycurgi, Gorgiae, Lesbonactis, Herodis.* Expl.: Venetiis apud Aldum et Andream socerum mense Aprili 1513. *Pars tertia. Isocratis orationes, Alcidamantis contra dicendi magistros, Gorgiae de laudibus Helenae, Aristidis de laudibus Athenarum, Eiusdem de laudibus urbis Romae.* Expl. 197 (sed lege 267): Venetiis in aedibus Aldi et Andreae soceri IIII Nonarum Maii 1513.
Γοργίου Λεοντίνου Ἑλένης ἐγκ., in *Pars tertia,* 102–04 (sed lege105).
Descriptio operae: cf. Renouard, 60 s.; probabilis editionis curator: Marcus Musurus (cf. Donadi[2], 181–84).

Aldina[2]: *Isocratis nuper accurate recognitus et auctus.* Expl. 115*v*: Venetiis in aedibus haeredum Aldi Manutii et Andreae Asulani, mense Iulio 1534.
Γοργίου Λεοντίνου Ἑλένης ἐγκ., 86*v*–87.

Stephanus (Canter[2]): *Isocratis Orationes et Epistolae.* Henrici Stephani *in Isocratem (...) Diatribe VII (...) Gorgiae et Aristidis quaedam, eiusdem cum isocraticis argumentis* Guilelmo Cantero *interprete.* Excud. H. Steph. Anno 1593 (sine loco editionis).
Γοργίου Λεοντίνου λόγος περὶ ἁρπαγῆς τῆς Ἑλένης, 127–31.
Alteram editionem Stephani, quae Gorgiam omittit, esse constat: *Oratorum veterum orationes, Aeschinis, Lysiae, Andocidis, Isaei, Dinarchi, Antiphonis, Lycurgi, Herodis et aliorum.* In harum editione quid ab Henrico Stephano praestitum sit, ex eius praefatione lector intelliget. Cum interpretatione latina quorundam, Excud. Henr. Steph. Anno 1575 (omissus editionis locus).

Villa[1]: *Il rapimento d'Elena del poeta Coluto di Licopoli nella Tebaide tradotto in versi italiani dall'abate* Angelo Teodoro Villa (...) Nuova edizione accresciuta di varie osservazioni, e dell'italiana versione delle orazioni di Gorgia, e d'Isocrate intorno ad Elena, e dell'Epitalamio per la medesima di Teocrito Siracusano, il tutto col testo greco di rincontro. In Milano, 1753.
Γοργίου Λεοντίνου λόγος περὶ ἁρπαγῆς τῆς Ἑλένης, 116–33.

Editio princeps huius operae, quae Gorgiam omisit, Mediolani anno 1749 edita est.

Reiske: *Oratorum Graecorum, quorum princeps est Demosthenes, quae supersunt monumenta ingenii*, a bonis libris a se emendata, materia critica, comment. integris Hier. Wolfii, J. Taylori, Jer. Marklandi, aliorum et suis indicibus denique instructa ed. Jo. Jac. Reiske, 12 voll., Lipsiae 1770–75.
Γοργίου Λεοντίνου Ἑλένης ἐγκ., VIII, Lipsiae 1773, 91–101.

Bekker[1]: *Oratores Attici.* Ex recensione Imm. Bekkeri, 4 voll., Oxonii 1822–23.
Γοργίου Λεοντίνου Ἑλένης ἐγκ., in *Demosthenes*, pars quarta, Oxonii 1823, 54–62.

Bekker[2]: *Oratores Attici.* Ex rec. Imm. Bekkeri, 5 voll., Berolini 1823–24.
Γοργίου Λεοντίνου Ἑλένης ἐγκ., Berolini 1824, 679–84.

Dobson: *Oratores Attici et quos sic vocant Sophistae.* Opera et studio Guil. Steph. Dobson, 16 voll., Londini 1828.
Γοργίου Λεοντίνου Ἑλένης ἐγκ., IV, 665–72.

Garofalo: L. Garofalo, *Discorsi intorno a Gorgia Leontino*, Palermo 1831.
Encomio di Elena, 304–19.

Baiter-Sauppe: *Oratores Attici.* Recensuerunt, adnotaverunt, scholia fragmenta indicem novum addiderunt Joa. Geo. Baiterus et Herm. Sauppius, Turici 1839–43 (Pars prior), 1845–50 (Pars posterior).
Γοργίου Λεοντίνου Ἑλένης ἐγκ., in Parte posteriore, *Scholia, Fragmenta, Indices* (quos Sauppe curavit), 132–34.
Hac editione usi sumus, quamvis opera simul in fasciculis edita sit: *Oratores Attici.* Recognoverunt, adnotationes criticas addiderunt, fragmenta collegerunt, omasticon composuerunt Joa. Geo. Baiterus et Herm. Sauppius, novem fasc., Turici 1838–50 (*Helenae laudatio* : fasc. septimus, Turici 1845).

Müller: *Oratores Attici. Antiphon, Andocides, Lysias, Isaeus, Lycurgus, Aeschines, Dinarchus, Demades, Declamationes Gorgiae et aliorum.* Graece cum translatione reficta a Carolo Mullero. Accedunt *Scholia, Ulpiani Commentarii in Demosthenem* et Index nominum et rerum absolutiss., 2 voll., Parisiis 1846, 1847, 1848.
Γοργίου Λεοντίνου Ἑλένης ἐγκ., II, Parisiis 1858, 206–09.

Blass[1]: *Antiphontis orationes et fragmenta. Adiunctis Gorgiae Antisthenis Alcidamantis quae feruntur declamationibus.* Edid. Fe. Blass, Lipsiae 1871.
Γοργίου Λεοντίνου Ἑλένης ἐγκ., 143–52.

Thompson: *The Gorgias of Plato with English Notes,* Introd., and App. by W. H. Thompson, London 1871 (Editio an. New York 1973).
Appendix: *The Fragments of Gorgias,* 175–84.

Mullach: *Fragmenta Philosophorum Graecorum,* coll. rec. et vertit F. G. A. Mullach, t. I (*De MXG*), t. II (*Gorgiae fragmenta*), Paris 1875–83.

Blass^{2}, *Antiphontis orationes et fragmenta. Adiunctis Gorgiae Antisthenis Alcidamantis quae feruntur declamationibus.* Edid. Fr. Blass, Lipsiae 1881^{2}.
Γοργίου Λεοντίνου Ἑλένης ἐγκ., 150–59.

Immisch: *Gorgiae Helena,* recogn. et interpr. est O. Immisch, Berlin und Leipzig 1927.

Radermacher: *Artium Scriptores (Reste der voraristotelischen Rhetorik),* Hrsg. von L. Radermacher, SAWW phil.-hist. Kl. 227, Bd 3. A, Wien 1951.
Gorgiae Helena, 52–57.

D.-K.: H. Diels – W. Kranz, *Die Fragmente der Vorsokratiker,* 3 voll., Berlin 1951^{6} (sed 1903^{1} solo Dielsio curante).
Γοργίου Λεοντίνου Ἑλένης ἐγκ., II, 288–94.

Untersteiner: *Sofisti, Testimonianze e frammenti,* 4 fascc., a cura di M. Untersteiner (sed fasc. IV A. Battegazzore), Firenze 1961^{2} (1949^{1}) fascc. I–II, 1954^{1} fasc. III, 1962^{1} fasc. IV.
Γοργίου Ἑλένης ἐγκ., II, 88–112.

Donadi 1982: *Gorgia, Encomio di Elena.* Testo crit., intr., trad. e nn. a cura di F. Donadi, Roma 1982.

MacDowell: *Gorgias, Encomium of Helen,* ed. with introd., transl. and notes by D. M. MacDowell, Bristol 1982.

Tapia Zuñiga, *Gorgias de Leontini. Fragmentos,* introd. texto trad. y notas de P. C. Tapia Zuñiga, Mexico 1980.

Καλλιγάς: Π. Καλλιγάς, *Ο Γοργίας και σοφιστική,* Deukalion 10, 36 (1981), 275–317, praesertim 286–97.

Girotto-Trocini: *Gorgia, Encomio di Elena.* a cura di M. Girotto Bevilacqua e A. Trocini Cerrina, Torino 1996.
Encomio di Elena: 17–80 (textus: Donadi 1982).

Caffaro: *Gorgia, Encomio di Elena, Apologia di Palamede,* a cura di L. Caffaro, Firenze 1997.

Paduano: *Gorgia, Encomio di Elena,* a cura di G. Paduano, Napoli 2004 (textus: D. -K.)

Bucheim: *Gorgias von Leontinoi, Reden, Fragmente und Testimonien.* Herausgegeben mit Übersetzung und Kommentar von T. Buchheim, Hamburg 1989.
Lobpreis der Helena, 3–17.

Ioli: Gorgia, *Testimonianze e frammenti,* Intr. trad. e comm. di Roberta Ioli, Roma 2013.
Encomio di Elena, 118–25.

2. TRANSLATIONES

Bembo: Petri Bembi, *Gorgiae Leontini in Helenam laudatio,* cod. Florentinus BNC It. VII. 125, 226–231*v.*
Scriba: Pyrrhus Vizanus, saec. XV ex. (cf. Donadi 1983).

Canter[1]: *Aelii Aristidis* (...) *orationum tomi tres* nunc primum Latine versi a Guilelmo Cantero (...). Huc accessit orationum tomus quartus ex veteribus oratoribus concinnatus, eodem interprete. Item *De ratione emendandi scriptores Graecos eiusdem syntagma.* Basileae (...) 1566.
Gorgiae oratio in Helenam, IV, 577–79.

Canter[2] (Stephanus): *Gorgiae oratio, qua Helenam iniuste raptus causa reprehendi docet,* 127–31 (cf. § 1).

Mariner: (Vincentii Marinerii) *Gorgiae Helenae Encomium,* Madrid, Bibl. Nac. de España
cod. Matritensis 9861, 38–43.
Translatio conclusa est die septima Kalendas Maias anno MDXXLIX (c. 43).

Villa[1]: *Orazione di Gorgia Leontino intorno al rapimento d'Helena,* 117–33 (cf. § 1).

Auger: *Œuvres complettes d'Isocrate, aux quelles on a joint quelques discours analogues à ceux de cet orateur, tirés de Platon, de Lysias, de Thucydide, de Xénophon, de Gorgias, d'Antisthene, et d'Alcidamas.* Traduit en François par M. l'Abbé Auger, 3 voll., Paris 1781.
Sommaire de l'Apologie d'Hélène (...), III, 220–28; *Apologie d'Hélène par Gorgias,* III, 229–35.

Dobson: *Gorgiae Helenae encomium,* XV, 508–10 (Cf. § 1).

Weber: *Gorgias, Lobrede auf die Helena,* Allgemeine Schulzeitung Abb II, nr. 22 (1827), 169–73.

Villa[2]: *Parnaso straniero,* 12 voll., Venezia 1837–51.
(A. T. Villa), *Orazione di Gorgia Leontino intorno al rapimento d'Elena,* III, *Greci,* 1834). Cf. Villa[1] (§ 1).

Müller: *Gorgiae Helenae laudatio,* II, 206–09 (cf. § 1).

Eichhorn: *Gorgias, Helena,* eingel. und übers. von K. Eichhorn, Meiningen 1913.

Timpanaro Cardini: *I Sofisti, Frammenti e testimonianze,* trad. pref. e nn. di Maria Timpanaro Cardini, Bari 1954[2] (1923[1]).
Encomio di Elena, 89–113 (textus: D.- K.).

Pasqualino: *Gorgia, Encomio di Elena e altri scritti,* Intr. trad. e nn. di F. Pasqualino, Bari 1958 (textus: D.- K).

Moreschini: *Gorgia, I frammenti,* trad. di C. Moreschini, Torino 1959 (textus: D.- K.)

Untersteiner: *Gorgia: Encomio di Elena,* IV, 89–113 (cf. § 1).

Lanata: *Poetica pre-platonica, testimonianze e frammenti.* Testo trad. comm. a cura di Giuliana Lanata, Firenze 1963.
Nonnulli *Helenae laudationis* loci translati, 191–204 (§§ 8–10, 14–18: textus: Untersteiner).

Capizzi: *I sofisti, Antologia di testi,* Scelta, trad., intr. nn. a cura di A. Capizzi, Firenze 1976.
Gorgia, Encomio di Elena, 29–35 (textus: D.-K.).

Tapia Zuñiga, *Gorgias de Leontini* (cf. § 1).

Donadi 1982: *Gorgia, Encomio di Elena* (cf. § 1).

Donadi 1983: *Pietro Bembo, Gorgiae Leontini in Helenam laudatio,* Testo crit., int. e nn. a cur di F. Donadi, Roma 1983.

Barrio Gutiérrez: *Protágoras y Gorgias.* Fragmentos y testimonios, trad. de J. Barrio Gutiérrez, Barcelona 1964.

Caffaro: *Gorgia, Encomio di Elena* (cf. § 1).

Paduano: *Gorgia, Encomio di Elena* (textus: D.-K.: cf. § 1).

Ioli: Gorgia, *Encomio di Elena*, 118–25 (cf. § 1).

3. STVDIA ET EDITIONES QVIBVS VSVS SVM IN EDENDIS Γοργίου Λεοντίνου Ἑλένης ἐγκωμίῳ ET PETRI BEMBI IN HELENAM LAVDATIONE

Albini[1]: U. Albini, *Rassegna di studi lisiani (1901–1954)*, A&R 4 (1954), 56–67.

Albini[2]: *Lisia, I discorsi*, Testo crit. intr. trad. e nn. a cura di U. Albini, Firenze 1955.

Albini[3]: *Andocide, De pace*, Intr. e comm. a cura di U. Albini, Firenze 1964.

Albini[4]: (Erode Attico), *ΠΕΡΙ ΠΟΛΙΤΕΙΑΣ*, Intr. testo crit. e comm. a cura di U. Albini, Firenze 1968.

Arnim: *Dionis Prusaensis quem vocant Chrysostomum quae extant omnia*, ed. app. crit. instr. J. De Arnim, I, Berolini 1893.

Avezzù[1]: G. Avezzù, *Il ms. Vat. Gr. 2207 nella tradizione dell'*Epitafio *lisiano e degli oratori attici minori*, BIFG 3 (1976), 184–220.

Avezzù[2]: G. Avezzù, *Gli scolî demostenici e l'*Epitafio *di Lisia nel ms. Marc. Gr. 416*, BPPEC n. s. 27 (1979), 51–67.

Avezzù[3]: G. Avezzù, *Per la storia dell'*Epitafio *lisiano*, BIFG 5 (1979–80), 71–88.

Avezzù[4]: *Alcidamante, Orazioni e frammenti*, Testo, intr. trad. e nn. a cura di G. Avezzù, Roma 1982.

Avezzù[5]: *Lisia, Apologia per l'uccisione di Eratostene, Epitafio*, Intr. e testo a cura di G. Avezzù, Padova 1985.

Bettini–Brillante: M. Bettini, C. Brillante, *Il mito di Elena, immagini e racconti dalla Grecia a oggi*, Torino 2002.

Biedl: A. Biedl, *Der Handschriftenschreiber Joannes Skutariotes*, ByzB 38 (1938), 96–98.

Buermann[1]: H. Buermann, *Zur Textkritik des Isaios*, Hermes 17 (1882), 385–400.

Buermann[2]: H. Buermann, *Handschriftliches zu den kleineren attischen Rednern*, RhM 40 (1885), 387–96.

C. Calame, *Il primo frammento di Alcmane e il culto di Elena*, in AA. VV., *Rito e poesia corale in Grecia*, Bari 1977, 387–96.

Canart: P. Canart, *Scribes grecs de la Renaissance*, Scriptorium 17 (1963), 58–82.

Canart, Peri: P. Canart, V. Peri, *Sussidi bibliografici per i manoscritti greci della Biblioteca Vaticana*, Città del Vaticano 1970.

Carey: C. Carey, *Lysiae orationes cum fragmentis*, Oxonii 2007.

De Andrés: *Catálogo de los Códices Griegos de la Real Biblioteca de el Escorial* por G. De Andrés, Madrid 1965.

De Nolhac: P. De Nolhac, *La bibliothèque de Fulvio Orsini*, Paris 1887.
Devreesse: R. Devreesse, *Le fond grec de la bibliothèque Vaticane des origines à Paul V*, Città del Vaticano 1965.
Diller[1]: A. Diller, *Incipient Errors in Manuscripts*, TAPA 67 (1936), 232–39 (= *Studies in Greek manuscript Tradition*, Amsterdam 1983, 321–28).
Diller[2]: A. Diller, *The Greek Codices of Palla Strozzi and Guarino Veronese*, JWI 24 (1961), 313–21(= *Studies*, cit., 405–13).
Diller[3]: A. Diller, *The manuscript Tradition of Aeschines' Orations*, ICS 4 (1979), 34–74 (= *Studies*, cit., 219–249).
Dionisotti-Orlandi: *Aldo Manuzio editore. Dediche, prefazioni, note ai testi*, Intr. di C. Dionisotti. Testo lat. con trad. e nn. a cura di G. Orlandi, I–II. Milano 1975.
Donadi[1]: F. Donadi, *Nota al cap. VI della Poetica di Aristotele: il problema dell'ΟΨΙΣ*, AAPat 83 (1970–71), Parte III, 413–51.
Donadi[2]: F. Donadi, *Note preparatorie all'edizione dell'*Encomio di Elena *gorgiano nella traduzione latina inedita di Pietro Bembo*, in *Scritti in onore di Carlo Diano*, Bologna 1975, 121–33.
Donadi[3]: F. Donadi, *Esplorazioni alla tradizione manoscritta dell'*Encomio di Elena *gorgiano*, I, BIFG 2 (1975), 170–84.
Donadi[4]: F. Donadi, *Esplorazioni alla tradizione manoscritta dell'*Encomio di Elena *gorgiano*, II, BIFG 3 (1976), 225–50.
Donadi[5]: F. Donadi, *Gorgia, Elena* 16 (*Quel quattrocentocinque)*, BIFG 4 (1977–78), 48–77.
Dover: K. J. Dover, *Lysias and the Corpus Lysiacum*, Berkeley – Los Angeles 1968.
Drerup: E. Drerup, *Vorläufiger Bericht über eine Studienreise zur Erforschung der Demosthenesüberlieferung*, SBAW 3 (1902), 287–323.
Erbse: H. Erbse, *Überlieferungsgeschichte der griechischen klassischen und hellenistischen Literatur*, in *Die Textüberlieferung der antiken Literatur und der Bibel*, I, Zürich 1961, 207–83.
Engelmann-Preuss: *Bibliotheca scriptorum classicorum*, hrsg. von W. Engelmann (...) neu bearbeitet von E. Preuss, *Scriptores Graeci*, I, Leipzig 1880.
Erdmann: M. Erdmann, *De Pseudolysiae Epitaphii codicibus*, Lipsiae 1881.
Fantuzzi: *Notizie degli scrittori bolognesi raccolte da* G. Fantuzzi, VIII, Bologna 1790.
Fernández Pomar[1]: J. M. Fernández Pomar, *La colleción de Uceda y los manuscritos griegos de Costantino Láscaris*, Emerita 34 (1966), 21–88.
Fernández Pomar[2]: *La colleción de Uceda de la Biblioteca Nacional. Nueva edición del catalogo de manuscritos*, Helmantica 27 (1976), 475–518.
Ferreri: L. Ferreri, *L'Italia degli umanisti*, t. I, *Marco Musuro* (ed. it.), Turnhout 2014.
Geanakoplos: D. J. Geanakoplos, *Greek Scholars in Venice*, Cambridge Mass. 1967.
Fonkič: B. L. Fonkič, *Grečeskie rukopisi Biblioteki Moskovskovo Universiteta*, Vestnik drevnej istorij 1967, 95–103.

Fuhr[1]: K. Fuhr, *Zum codex Palatinus des Lysias,* RhM 50 (1895), 304–08.
Fuhr[2]: K. Fuhr, *Zur Überlieferung von Gorgias' Helena,* Berl. Phil. Woch. 23 (1903), 61.
Guzmán: A. Guzmán Guerra, *Los manuscritos españoles de la 'Helena' de Gorgias. 'Matritensis' 7210, 'Scurialensis' Φ II. 12, y 'Toletanus' 101–116,* CFC 13 (1977), 297–308.
Harlfinger[1]: D. Harlfinger, *Die Textgeschichte der pseudo-aristotelischen Schrift* περὶ ἀτόμων γραμμῶν. *Ein kodikologisch-kulturgeschichticher Beitrag zur Klärung der Überlieferungsverhältnisse im Corpus Aristotelicum,* Amsterdam 1971.
Harlfinger[2]: D. Harlfinger, *Specimina griechischer Kopisten der Renaissance,* I, Berlin 1974.
Harlfinger[3]: D. Harlfinger, *Zu griechischen Kopisten und Schriftstilen des 15 und 16. Jahrhunderts,* in *La paléographie gr. et byz.* (Colloques internationaux du CNRS, Paris 25. 10. 1974), Paris 1977, 327–41.
Hude: *Lysiae orationes,* recogn. brevique adn. crit. instr. C. Hude, Oxonii 1912.
Jacobs: E. Jacobs, *Francesco Patricio und seine Sammlung griechischer Handschriften in der Bibliothek des Escorial,* ZBB 25 (1908), 19–47.
Kresten: O. Kresten, *Der Schreiber und Handschriftenhändler Andreas Darmarios, Eine biographische Skizze,* in *Griechische Kodicologie und Textüberlieferung,* hrg. von D. Harlfinger, Darmstadt 1980, 406–19 (sed cf. textum in Mariahilfer Gymnasium, Jahresbericht 1967–68, Wien 1968, 6–11).
Lascaris: C. Lascaris, *De scriptoribus graecis patria siculis,* in *Patrologia graeca,* CXXXI, Lutetiae Parisiorum 1866, 914–24.
Lampros: S. P. Lampros, *Mittheilungen über den Codex Palatinus X 88,* Hermes 10 (1875), 257–80.
Lobel: E. Lobel, *The Greek Manuscripts of Aristotle's Poetics,* Oxford 1933.
MacDowell: D. MacDowell, *Gorgias, Alcidamas and the Cripps and Palatine Manuscripts,* CQ 55 (1961), 113–24.
Martínes Manzano: Id., *Costantino Láscaris. Semblanza de un humanista bizantino,* Madrid 1998.
Mazzatinti, Pintor: G. Mazzatinti, F. Pintor, *Inventari dei manoscritti delle biblioteche d'Italia,* XI: Firenze (BNC), Forlì 1901.
Mercati: G. Mercati, *Nota per la storia di alcune biblioteche romane nei secoli XVI–XIX,* Città del Vaticano 1952.
Métayer: J. Métayer, *Un manuscrit grec disparu du Vatican retrouvé à Tolède,* RPh 45 (1971), 274–81.
Mioni[1]: E. Mioni, *La biblioteca greca di Marco Musuro,* Archivio Veneto, s. v, 93 (1971), 5–28.
Mioni[2]: *Catalogo dei manoscritti greci esistenti nelle biblioteche italiane,* I, a cura di E. Mioni, Roma 1964.
Mioni[3]: E. Mioni, *Bessarione scriba e alcuni suoi collaboratori,* in *Miscellanea marciana di studi bessarionei,* Padova 1974, 263–318.

Morelli[1]: *Notizie d'una traduzione latina sconosciuta fatta dal cardinale Pietro Bembo della orazione di Gorgia intorno al rapimento d'Elena,* dell'abate G. Morelli, Mem. Dell'Imp. Regio Ist. del Regno Lomb. Ven., 11 (1814–15), sed Milano 1821, 219–28.

Morelli[2]: *Intorno ad un'orazione greca inedita del Cardinale Pietro Bembo alla Signoria di Venezia, colla quale la esorta a promuovere e a conservare lo studio delle lettere greche,* dell' abate J. Morelli, Studi di fil. it. 18 (1955), 69–77.

Müller: K. K. Müller, *Neue Mittheilungen über Janos Laskaris und die Mediceische Bibliothek,* ZBB 1(1884), 333–412.

Nauck: *Lexicon Vindobonense,* rec. et adn. crit. instr. A. Nauck, Petersburg 1867.

PG.: [C. L.] *Vitae illustrium philosophorum Siculorum et Calabrorum,* per Guillielmum Scomberg Alamanum de Franckfurdia. Anno Domini MCCCCXCIX *Patrologiae Graecae* t. CXXXVI, Parisiis 1865, in *Patrologiae cursus completus* (...) accurante J. P. Migne, Parisiis 1866–86.

Renouard: *Annales de l'imprimerie des Alde ou Histoire des trois Manuce et des leurs éditions* par Ant. Aug. Renouard, Paris 1834[3].

Pagliaroli[1]: S. Pagliaroli, *Giano Lascari e il Ginnasio greco,* SMU 2 (2004), 215–293.

Pagliaroli[2]: S. Pagliaroli, *Nuovi autografi di Marco Musuro* SMU 2 (2004), 357–63.

Pagliaroli[3]: S. Pagliaroli, *Per gli studi greci di Pietro Bembo,* in *Pietro Bembo e le arti,* Atti del Convegno Internazionale, Padova, 24–26 febbraio 2012, a cura di G. Beltramini, H. Burns, D. Gasparotto, Venezia 2013, 89–118.

Pagliaroli[4]: S. Pagliaroli, *L'"Accademia Aldina",* Incontri triestini di filologia classica 9 (2009–2010). 175–87.

Prato: G. Prato, *I manoscritti greci dei secoli XIII e XIV: note paleografiche,* in *Paleografia e codicologia greca,* Atti del II colloquio internazionale (Berlino – Wolfenbüttel. 17–21 ottobre 1983), a cura di D. Harfinger e G. Prato, con la collaborazione di M. D'Agostino e A. Doda, Alessandria 1991, I, 131–39: 140–49, rist. in Id., *Studi di paleografia greca,* Spoleto 1994, 115–31: 123–131.

RGK: *Repertorium der griechischen Kopisten 800–1600,* erstellt von E. Gamillscheg, D. Harlinger, H. Hunger, I Wien 1981, II 1989, III 1997.

Rostagni: A. Rostagni, *Gorgiae Helena, recogn. et interpr. est O. Immisch,* recensio. RFIC 55 (1927), 220–25.

Sauppe: H. Sauppe, *Epistola critica ad Godofredum Hermannum,* Leipzig 1841 (cf. H. Sauppe, *Ausgewählte Schriften,* Berlin 1896, 80–177, qua editione usi sumus postea).

Schenkl H. : H. Schenkl, *Handschriftiches zu Lysias,* WS 3 (1881), 81–86.

Schenkl K.: K. Schenkl, *Zu Gorgias* ἐγκώμιον Ἑλένης, Philologus 26 (1867), 566 s.

Sicherl: M. Sicherl, *Musuros-Handschriften,* in *Serta Turyniana. Studies in Greek literature and palaeography in honor of Alexander Turyn,* ed. by J.L.

Heller with the assistence of J. K. Newman, Urbana – Chicago – London 1974, 564–608.

Sosower[1]: M. L. Sosower, *The manuscript Tradition of the first two Orations of Lysias*, Ph. D. Diss. New York 1981.

Sosower[2]: M. L. Sosower, *Marcus Musurus and a Codex of Lysias*, GRBS 23 (1982), 377–92.

Speranzi[1]: D. Speranzi, *Codici greci appartenuti a Francesco Filelfo nella biblioteca di Ianos Laskaris*, S&T 3 (2005), 467–496.

Speranzi[2]: D. Speranzi, *La biblioteca dei Medici, Appunti sulla storia della formazione del fondo greco della libreria medicea privata*, in *Principi e Signori. Le biblioteche nella seconda metà del Quattrocento.* Atti del Convegno (Urbino, 5–6 giugno 2008), a cura di G. Arbizzoni, Concetta Bianca, Marcella Peruzzi, Urbino 2010, 217–64.

Speranzi[3]: D. Speranzi, *La scrittura di Marco Musuro. Problemi di variabilità sincronica e diacronica*, in *The legacy of Bernard de Montfaucon. Three hundred years of study on Greek handwriting*, a cura di A. Bravo García – I. Pérez Martín, Turnhout 2010, 186–196.

Speranzi[4]: D. Speranzi, *Giano Lascari e i suoi copisti. Gli oratori attici minori tra l'Athos e Firenze*, in *Fenomenologia della copia. Atti del Convegno* (...) Firenze (...) 2009, a cura di G. Tanturli, in *Medioevo e Rinascimento*, 24 (2010), 337–377.

Speranzi[5]: D. Speranzi, *Un codice di Isocrate e il soggiorno fiorentino di Costantino Lascari*, in *La tradición y la tranmisión de los oradores y rétores griegos*, ed. F. G. Hernández Muñoz, 271–302, Berlin 2012.

Speranzi[6]: D. Speranzi, *Marco Musuro. Libri e scrittura*, Roma 2013 (Suppl. al Bollettino dei Classici 27).

Stolpe[1]: J. Stolpe, *Un nouveau manuscrit de la Tactica Theoria d'Élien le Tacticien et de l'Extrait Tactique tiré de Léon VI le Sage: le Marcianus 522*, Eranos 66 (1968), 52–72.

Stolpe[2]: J. Stolpe, *Les manuscrits de Gorgias*, Eranos 68 (1970), 55–60.

Sykutris: Joh. Sykutris, *Gorgiae Helena, recogn. et interpr. est O. Immisch* (...), recensio, Gnomon 4 (1928), 11–18.

Timpanaro: S. Timpanaro, *La genesi del metodo del Lachmann*, Firenze 1963.

Ullman–Stadter: *The Public Library of Renaissance Florence. Niccolò Niccoli, Cosimo de' Medici and the Library of San Marco*, by B. L. Ullman and Ph. A. Stadter, Padova 1972.

Vater: Fr. Vater, *Zur Kunde griechischer Handschriften in Russland*, Neue Jahrbücher für Philologie und Päedagogik, IX Supplbd., 1 Heft, Leipzig 1843, 5–49.

V.-G.: M. Vogel, V. Gardthausen, *Die Griechische Schreiber des Mittelalters und der Renaissance*, ZBB, Beiheft 33, Leipzig 1909.

Velardi: 1. *Il λογισμός di Gorgia e gli altri λόγοι*. 2. *Due redazioni dell'* Encomio di Elena *di Gorgia?* in R. Velardi, *Retorica, filosofia, letteratura: saggi di storia della retorica greca su Gorgia, Platone e Anassimene di Lampsaco*, AION Quaderni 6, Napoli 2001, 11–71.

Wiesner-Victor: J. Wiesner, U. Victor, *Griechische Schreiber der Renaissance*, RSBN 18–19 (1971–72), 51–66.

Wilson[1]: N. Wilson, *Some paleographical Notes*, CQ 54 (1960), 198–204.

Wilson[2]: N. Wilson, *The Libraries of the Byzantine World*, GRBS 8 (1967), 53–80.

Wilson[3]: *Pietro Bembo, Oratio pro litteris graecis*, ed. by N. G. Wilson, Messina 2003.

Wise: *The Speeches of Isaeus, with Critical and Explanatory Notes*, ed. W. Wyse, Cambridge 1904.

HELENAE ENCOMIVM

CONSPECTVS SIGLORVM

A	Londiniensis Burn. 95
Am_2	Mediolanensis Ambr. D 15 sup. (Gr. 218)
Am_3	Mediolanensis Ambr. D 42 sup. (Gr. 230)
Am_4	Mediolanensis Ambr. H 52 sup. (Gr. 436)
B	Florentinus Laur. IV. 11
Br	Bruxellensis 11262–11269
C	Florentinus Laur. LVII. 4
E	Florentinus Laur. LVII. 52
Fl	Florentinus Laur. LXX. 35
Go	Gothanus Chart. B 572
H	Venetus Marc. Gr. 422 (coll. 900)
Hn	Hauniensis GKS 1898
I	Venetus Marc. Gr. 522 (coll. 317)
K	Venetus Marc. Gr. VIII. 1 (coll. 1159)
La	Matritensis 7210 (N 98)
M	Vaticanus Gr. 66
Me	Messanensis Gr. 12 (ιβ')
Mu	Muscoviensis Bibl. Univ. Gr. 3 (olim Parisinus Coisl. 342)
N	Vaticanus Gr. 1366
Np	Neapolitanus II D 26 (Gr. 122)
Ox	Oxoniensis Auct. F 4. 5 (misc. 104)
Pa_1	Parisinus Gr. 2551
Pa_2	Parisinus Gr. 2866
Pa_3	Parisinus Gr. 2955
Pl_1	Vaticanus Pal. Gr. 117
Pl_2	Vaticanus Pal. Gr. 179
Pl_3	Vaticanus Pal. Gr. 404
R	Parisinus Gr. 1038
Sc	Scurialensis Φ II. 12
Tr	Taurinensis Gr. 108 (C IV. 27)
To	Toletanus 101–116
V	Parisinus Coisl. 249
Vt	Vaticanus Gr. 894
Vi	Vindobonensis phil. Gr. 12
W	Parisinus Gr. 3009
X	Heidelbergensis Pal. Gr. 88
Y	Oxoniensis Barocc. Gr. 119
Λ	Florentinus bibliothecae D. Marci huc usque nondum repertus
Be	Translatio Petri Bembi (BNC II. VII. 125)
Ald	editio princeps Aldina (1513)

A^{pr} X^{pr}	A, X ante correctionem
A^{corr} X^{corr}	A, X post correctionem
X^{sscr}	X cum textu in interlinea

β	suppositus pervetustus (consensus γ δ ζ)	
γ	suppositus ex consensu	Am_3 R
δ	"	V ε
ζ	"	H To W Pl_1
ε	"	X Co
ζ	"	H Pl_1 To W
η	"	Fl Pl_2 Vt Pa_3 Y
θ	"	Sc Pl_3 Me Tr
ι	"	Br Pa_2

-	e.g.: A: β (-La): codices yparchetypi β excepto La, qui sequitur A
〈 〉	verba addenda
{ }	verba expungenda
〈...〉	lacuna supposita
[ ]	spatium vacuum

VIRI DOCTI QVI IN APPARATV COMMEMORANTVR

Baiter-Sauppe:	Sau.
Bekker:	Bek.
Bottin	
Blass:	Bla.
Buchheim	
Canter:	Can.
Diano	
Diels:	Die.
Diels, Kranz:	D.-K.
Donadi 1982	
Friedländer	
Immisch:	Imm.
Br. Keil	
MacDowell	
Radermacher:	Rad.
Reiske:	Rei.
Sauppe:	Sau.
Sykutris	
Untersteiner:	Unt.

Γοργίου Ἑλένης ἐγκώμιον[1]

1. Κόσμος πόλει μὲν εὐανδρία, σώματι δὲ κάλλος, ψυχῇ δὲ σοφία, πράγματι δὲ ἀρετή, λόγῳ δὲ ἀλήθεια· τὰ δὲ ἐναντία τούτων ἀκοσμία. ἄνδρα δὲ καὶ γυναῖκα καὶ λόγον καὶ ἔργον καὶ πόλιν καὶ πρᾶγμα χρὴ τὸ μὲν ἄξιον ἐπαίνου ἐπαίνῳ τιμᾶν, τῷ δὲ ἀναξίῳ μῶμον ἐπιθεῖναι· ἴση γὰρ ἁμαρτία καὶ ἀμαθία μέμφεσθαί τε τὰ ἐπαινετὰ καὶ ἐπαινεῖν τὰ μωμητά. **2.** τοῦ δ' αὐτοῦ ἀνδρὸς λέξαι τε τὸ δέον ὀρθῶς καὶ ἐλέγξαι τοὺς μεμφομένους Ἑλένην, γυναῖκα περὶ ἧς ὁμόφωνος καὶ ὁμόψυχος γέγονεν ἥ τε τῶν ποιητῶν ἀκουσάντων πίστις ἥ τε τοῦ ὀνόματος φήμη, ὃ τῶν συμφορῶν μνήμη γέγονεν. ἐγὼ δὲ βούλομαι λογισμόν τινα τῷ λόγῳ δοὺς τὴν μὲν κακῶς ἀκούουσαν παῦσαι τῆς αἰτίας, τοὺς δὲ μεμφομένους ψευδομένους ἐπιδεῖξαι καὶ δεῖξαι τἀληθὲς καὶ παῦσαι τῆς ἀμαθίας.

3. ὅτι μὲν οὖν φύσει καὶ γένει τὰ πρῶτα τῶν πρώτων ἀνδρῶν καὶ γυναικῶν ἡ γυνὴ περὶ ἧς ὅδε ὁ λόγος, οὐκ ἄδηλον οὐδὲ ὀλίγοις. δῆλον γὰρ ὡς μητρὸς μὲν Λήδας, πατρὸς δὲ τοῦ μὲν γενομένου θεοῦ, λεγομένου δὲ θνητοῦ, Τυνδάρεω καὶ Διός, ὧν ὁ

Tit. Γοργίου ῥήτορος Ἑλένης ἐγκώμιον Am_3 ‖ **1–6** κόσμος… ψυχῇ et ἐναντία… μωμητά Antonin. Mel. ‖ **4** καὶ πρᾶγμα] πρᾶγμα β (-η Am_4 La Ald) | ἐπαίνου ἐπαίνῳ] ἐπαίνων β ‖ **5** ἐπιτιθέναι ε ‖ **7** post ἐλέγξαι lac. sign. Dob. Sensum aperuit Die. : ⟨τὸ λεγόμενον οὐκ ὀρθῶς· προσήκει τοίνυν ἐλέγξαι⟩ ‖ **8** ὁμόψυχος (ὁμόψηφος X^{sscr}) καὶ ὁμόφωνος β ‖ **8–9** post τῶν ποιητῶν lac. sign. Dob. : ⟨ἥ τε τῶν⟩ suppl. Bla. ‖ **9** φήμη, ὃ] φήμη β **11** ἀκούσασαν γ V ‖ **12** ἐπιδείξας καὶ δείξας Bla. : ἐπιδεῖξαι καὶ δείξας Imm. | καὶ² La Ald : ἢ **A** β : {ἢ} Bla. Imm. ‖ **16** ὀλίγοις ⟨δῆλον⟩. δῆλον Rei. ‖ **17** λεγομένου δὲ] τοῦ δὲ λεγομένου δ ζ : τοῦ δὲ γενομένου γ

---

1 Capita versuum textus partitioni, quam Immisch proposuit, remittunt. Textus dividitur in *prooemium* (§§ 1–2), *encomium* (§§ 3–5), *Helenae defensionem* (graece ἀπολογίαν: §§ 6–20): “ἐγκώμιον autem et ἀπολογία secundum Isocratem (*Hel.* 14) sunt οὐκ αὐτῶν ἰδεῶν, qui tamen perperam vituperat Gorgiam (siquidem de Gorgia loquitur) quippe quem videamus ipsum quoque utramque rem recte et in § 2 distinguere et postea encomium (§§ 3–5) ab apologia (§§ 16–20) diligenter separare nec peccare nisi admodum leviter in ultimis verbis (§ 20), ubi titulo Ἑλένης ἐγκώμιον parum accurate utitur de tota oratione, etiamsi prevaleat in ea defensio” (Immisch, 7).

μὲν διὰ τὸ εἶναι ἔδοξεν, ὁ δὲ διὰ τὸ φάναι ἠλέγχθη, καὶ ἦν ὁ μὲν ἀνδρῶν κράτιστος, ὁ δὲ πάντων τύραννος. 4. ἐκ τοιούτων δὲ γενομένη ἔσχε τὸ ἰσόθεον κάλλος, ὃ λαβοῦσα καὶ οὐ λαθοῦσα ἔσχε· πλείστας δὲ πλείστοις ἐπιθυμίαις ἔρωτος ἐνειργάσατο, ἑνὶ δὲ σώματι πολλὰ σώματα συνήγαγεν ἀνδρῶν ἐπὶ μεγάλοις μέγα φρονούντων, ὧν οἱ μὲν πλούτου μεγέθη, οἱ δὲ εὐγενείας παλαιᾶς εὐδοξίαν, οἱ δὲ ἀλκῆς οἰκείας εὐεξίαν, οἱ δὲ σοφίας ἐπικτήτου δύναμιν ἔσχον· καὶ ἧκον ἅπαντες ὑπ' ἔρωτός τε φιλονίκου φιλοτιμίας τε ἀνικήτου. 5. ὅστις μὲν οὖν καὶ δι' ὅτι καὶ ὅπως ἀπέπλησε τὸν ἔρωτα τὴν Ἑλένην λαβών, οὐ λέξω· τὸ γὰρ τοῖς εἰδόσιν ἃ ἴσασι λέγειν πίστιν μὲν ἔχει, τέρψιν δὲ οὐ φέρει. τὸν χρόνον δὲ τῷ λόγῳ τὸν τότε νῦν ὑπερβὰς ἐπὶ τὴν ἀρχὴν τοῦ μέλλοντος λόγου προβήσομαι καὶ προθήσομαι τὰς αἰτίας, δι' ἃς εἰκὸς ἦν γενέσθαι τὸν τῆς Ἑλένης εἰς τὴν Τροίαν στόλον.

6. ἢ γὰρ τύχης βουλήμασι καὶ θεῶν βουλεύμασι καὶ ἀνάγκης ψηφίσμασιν ἔπραξεν ἃ ἔπραξεν, ἢ βίᾳ ἁρπασθεῖσα, ἢ λόγοις πεισθεῖσα, ἢ ἔρωτι ἁλοῦσα.

εἰ μὲν οὖν διὰ τὸ πρῶτον, ἄξιος αἰτιᾶσθαι ὁ αἰτιώμενος· θεοῦ γὰρ προθυμίαν ἀνθρωπίνῃ προμηθίᾳ ἀδύνατον κωλύειν. πέφυκε γὰρ οὐ τὸ κρεῖσσον ὑπὸ τοῦ ἥσσονος κωλύεσθαι, ἀλλὰ τὸ ἧσσον ὑπὸ τοῦ κρείσσονος ἄρχεσθαι καὶ ἄγεσθαι, καὶ τὸ μὲν κρεῖσσον ἡγεῖσθαι, τὸ δὲ ἧσσον ἕπεσθαι. θεὸς δ' ἀνθρώπου κρεῖσσον καὶ βίᾳ καὶ σοφίᾳ καὶ τοῖς ἄλλοις. εἰ οὖν τῇ τύχῃ καὶ τῷ θεῷ τὴν αἰτίαν ἀναθετέον, καὶ τὴν Ἑλένην τῆς δυσκλείας ἀπολυτέον.

18 φανῆναι ζ : φῦναι Ald ‖ **19** δὲ^2 om. A ‖ **22** μέγα] μεγάλα β ‖ **24** οἰκείας] ἰδίας A ‖ **25** φιλονίκου Sau. : φιλονείκου A β ‖ **27** εἰδόσι καὶ A ‖ **31** τὴν β s.l. A : om. A^{pr} ‖ **32** βουλήμασι] βουλεύμασι dubie A^{pr} (Die.) : βουλήματι β βουλεύμασι] βουλήμασι dubie A^{pr} (Die.) : κελεύσματι β ‖ **33** ψηφίσμασιν] ψηφίσματι β ‖ **34** ⟨ἢ ἔρωτι ἁλοῦσα⟩ La Ald Y in marg. : ⟨ἢ ὄψει ἐρασθεῖσα⟩ Imm. : ⟨ἢ ἔρωτι μανεῖσα⟩ Rad. ‖ **35** ⟨οὐκ⟩ ἄξιος Am_4 | αἰτιώμενος] αἴτιος Dob. : ὁ αἴτιος ὢν Friedländer (apud D.-K.) : αἴτιος μόνος Die. **36** προμηθίᾳ La Ald M E Am_2 Pa_2 : προμηθείᾳ A β ‖ **37** κρεῖττον ζ Y ἧσσον] ἴσον A ‖ **38** κρείττονος Am_3 δ (- Am_4) ζ | ἄρχεσθαί ⟨τε⟩ καὶ ζ La Ald ‖ **39** ἧσσον ζ Am_4 : ἧττον γ δ : ἴσον A | θεοὶ β (-La Ald) | ἀνθρώπων ζ Co | κρείσσονες R : κρείσσων La Ald ‖ **40** εἰ οὖν Rei. : ἢ οὖν A β | τῷ θεῷ A η Am_4 La Ald : τῇ θεῷ β ‖ **41** καὶ Rei. (cf. 1. 12: καὶ παῦσαι) : ἢ A β : {ἢ} Dob. Die. Unt. : ἦ MacDowell Buchheim

7. εἰ δὲ βίᾳ ἡρπάσθη καὶ ἀνόμως ἐβιάσθη καὶ ἀδίκως ὑβρίσθη, δῆλον ὅτι ὁ ⟨μὲν⟩ ἁρπάσας ὡς ὑβρίσας ἠδίκησεν, ἡ δὲ ἁρπασθεῖσα ὡς ὑβρισθεῖσα ἐδυστύχησεν. ἄξιος οὖν ὁ μὲν ἐπιχειρήσας βάρβαρος βάρβαρον ἐπιχείρημα καὶ λόγῳ καὶ νόμῳ καὶ ἔργῳ, λόγῳ μὲν αἰτίας, νόμῳ δὲ ἀτιμίας, ἔργῳ δὲ ζημίας τυχεῖν· ἡ δὲ βιασθεῖσα καὶ τῆς πατρίδος στερηθεῖσα καὶ τῶν φίλων ὀρφανισθεῖσα πῶς οὐκ ἂν εἰκότως ἐλεηθείη μᾶλλον ἢ κακολογηθείη; ὁ μὲν γὰρ ἔδρασε δεινά, ἡ δὲ ἔπαθε· δίκαιον οὖν τὴν μὲν οἰκτίρειν, τὸν δὲ μισῆσαι.

8. εἰ δὲ λόγος ὁ πείσας καὶ τὴν ψυχὴν ἀπατήσας, οὐδὲ πρὸς τοῦτο χαλεπὸν ἀπολογήσασθαι καὶ τὴν αἰτίαν ἀπολύσασθαι ὧδε· λόγος δυνάστης μέγας ἐστίν, ὃς σμικροτάτῳ σώματι καὶ ἀφανεστάτῳ θειότατα ἔργα ἀποτελεῖ· δύναται γὰρ καὶ φόβον παῦσαι καὶ λύπην ἀφελεῖν καὶ χαρὰν ἐνεργάσασθαι καὶ ἔλεον ἐπαυξῆσαι. ταῦτα δὲ ὡς οὕτως ἔχει δείξω· 9. δεῖ δὲ καὶ δόξῃ δεῖξαι τοῖς ἀκούουσι· τὴν ποίησιν ἅπασαν καὶ νομίζω καὶ ὀνομάζω λόγον ἔχοντα μέτρον· ἧς τοὺς ἀκούοντας εἰσῆλθε καὶ φρίκη περίφοβος καὶ ἔλεος πολύδακρυς καὶ πόθος φιλοπενθής, ἐπ' ἀλλοτρίων τε πραγμάτων καὶ σωμάτων εὐτυχίαις καὶ δυσπραγίαις ἴδιόν τι πάθημα διὰ τῶν λόγων ἔπαθεν ἡ ψυχή. φέρε δὴ πρὸς ἄλλον ἀπ' ἄλλου μεταστῶ λόγον. 10. αἱ γὰρ ἔνθεοι διὰ λόγων ἐπῳδαὶ ἐπαγωγοὶ ἡδονῆς, ἀπαγωγοὶ λύπης γίνονται· συγγινομένη γὰρ τῇ δόξῃ τῆς ψυχῆς ἡ δύναμις τῆς ἐπῳδῆς ἔθελξε καὶ ἔπεισε καὶ μετέστησεν αὐτὴν γοητείᾳ. γοητείας δὲ καὶ μαγείας δισσαὶ τέχναι εὕρηνται, αἵ εἰσι ψυχῆς ἁμαρτήματα καὶ δόξης ἀπατήματα. 11. ὅσοι δὲ ὅσους περὶ ὅσων καὶ ἔπεισαν καὶ πείθουσι δὲ ψευδῆ λόγον πλάσαντες; εἰ μὲν γὰρ πάντες περὶ πάντων εἶχον

43 ⟨μὲν⟩ Bla. | ὡς Bla. : ἢ A β | εἰ δὲ Ald ‖ **44** ὡς] ἢ δ ‖ **45–46** καὶ νόμῳ καὶ λόγῳ καὶ ἔργῳ, νόμω μὲν ἀτιμίας λόγῳ δὲ αἰτίας β ‖ **46** εἰ δὲ Ald **48** μᾶλλον ἀπολογηθείη A[pr] ‖ **49** οἰκτίρειν scripsi, seqq. MacDowell Bucheim : οἰκτείρειν A δ ζ : οἰκτεῖραι γ (οἰκτῖραι Bla.) ‖ **52** σμικροτάτῳ A Am_3 V X Am_4 : μικροτάτῳ R Co M N La Ald : σμικροτάτῳ τῷ ζ ‖ **57** ἧς τοὺς ε : ἢ ὡς A γV ζ : ἧς η ‖ **58** πόθος φιλοπενθής] φίλος φιλοπενθής δ ζ Y in marg. : φίλος φιλοπαθής γ : ζῆλος ζηλοπαθής Y La in marg. : ζῆλος φιλοπενθής Am_4 ‖ **59** εὐτυχίας καὶ δυσπραγίας β ‖ **61** ἐπῳδαὶ] ἡδοναὶ β Lex. Vind. (αἱ ἡδοναὶ Co) ‖ **62** ἀπαγωγοὶ] ἐπαγωγοὶ A | γίνονται συγγινομένη A γ Am_4 La Ald : γίγνονται συγγιγνομένη V X : γίνονται συγγινομένη (sic) Co : γίνονται συγγιγνομένη ζ ‖ **64** αὐτὴν om. β

τῶν ⟨τε⟩ παροιχομένων μνήμην τῶν τε παρόντων ⟨ἔννοιαν⟩ τῶν τε μελλόντων πρόνοιαν, οὐκ ἂν ὁμοίως ὅμοιος ἦν ὁ λόγος· ἐπεὶ τὰ νῦν γε οὔτε μνησθῆναι τὸ παροιχόμενον οὔτε σκέψασθαι τὸ παρὸν οὔτε μαντεύσασθαι τὸ μέλλον εὐπόρως ἔχει· ὥστε περὶ τῶν πλείστων οἱ πλεῖστοι τὴν δόξαν σύμβουλον τῇ ψυχῇ παρέχονται. ἡ δὲ δόξα σφαλερὰ καὶ ἀβέβαιος οὖσα σφαλεραῖς καὶ ἀβεβαίοις εὐτυχίαις περιβάλλει τοὺς αὐτῇ χρωμένους. **12.** τίς οὖν αἰτία κωλύει καὶ τὴν Ἑλένην †ὕμνος ἦλθεν†[2] ὁμοίως ἂν οὐ νέαν[3] οὖσαν, ὥσπερ εἰ βιαστήριον[4], βίᾳ ἁρπασθῆναι[5]; †τὸ γὰρ τῆς πειθοῦς ἐξῆν

68 ⟨τε⟩ Bla. | ⟨ἔννοιαν⟩ Rei. Bla. ‖ **69** ὅμοιος ἦν] ὅμοιος ὢν β ‖ **69–70** ἐπεὶ τὰ νῦν γε Sauppe Buchheim (cf. frg. 11 a 22 D.-K.) : ἢ τὰ νῦν γε A γ V ζ La Ald : εἰ τὰ νῦν γε X^{pr} : ἦ τὰ νῦν γε X^{corr} Co : εἶτα νῦν γε Am$_4$: οἷς τὰ νῦν γε Die. : ὅμοιος ὢν… ἠ⟨πά⟩τα νῦν δὲ Bla. (sed νῦν δὲ iam Dob.) ‖ **74** εὐτυχίαις Am$_2$ Lex. Vind. : ἀτυχίαις A β | παραβάλλει Lex. Vind. ‖ **75** καὶ om. ζ ὕμνος ἦλθεν locum desperatum putavi : secl. La Ald : λόγον ἐλθόντα Am$_4$ ἂν οὐ νέαν **A M N** : ἄνουν ἐὰν R V : [ ] ἐὰν Am$_3$: ανουνεαν ε : ὁμοίως [ ] ὥσπερ ζ : ἄνουν νέαν Am$_4$: νέαν La Ald : ἀνθρώπου νέαν E ‖ **76** βιαστήριον M (cf. e.g. Aristoph. *Nu.* 94 al.) : βιατήριον A γ δ : βατήριον ζ (βακτήριον Pl$_1$) | ἁρπασθῆναι La Ald : ἡρπάσθη A β : ἁρπάσαι Am$_4$ ‖ **76–77** τὸ γὰρ τῆς πειθοῦς ἔσχεν ὁ νοῦς Am$_4$: τῇ γὰρ πειθοῖ ὁ νοῦς παρεσύρη La (παρασύρε Ald) ‖ **76–77** τὸ γὰρ … μὲν οὖν locum deperditum putavi ‖ **76** ἐξῆν] ἕξειν β

---

2 ὕμνος ἦλθεν: fortasse glossa interlinearis quae in textum irrepsit, vel pars latioris sermonis. Cum haec lectio, quam inter cruces arctavi, communis sit omnibus qui extant codicibus, pro certo habemus eam archetypum determinasse, eumque nota α denotavimus.

3 Lectio ἂν οὐ νέαν (A M N), servanda: Helena, quam Menelaus uxorem duxit, antea adulescens a Theseo rapta erat (Isocr. *Hel.* 18: οὔπω ἀκμάζουσαν; Lucianus *Charid.* 627: ἔτι τῆς ἡλικίας οὖσαν ἐντός). Hoc loco Helenae innuptae, adhuc equulae (πόλος), – de qua Theocr. 18. 22 ss., Eur. *Hel.* 1465 ss., Aristoph. *Lys.* 1296 ss., Paus. 3. 14. 6 ss. – opponuntur gemini Castor et Pollux, et sponsi Helena ("haud iuvenem amplius": ἂν οὐ νέαν) et Menelaus, qui ἐν τῷ θεραπείῳ apud Therapnas, cui nomen erat Μενελαΐον, colebantur, cum eo loci sepulti iacerent (cf. Calame, 104 ss. et passim; Bettini-Brillante, 43–45).

4 Coniecturam recepi codicis M, βιαστήριον (βιατήριον A γ δ): "corpus Helenae: locus qui vi subiectus est"). Fortasse Gorgias sibi ad imitandum proposuit τὸ φροντιστήριον in Aristophanis *Nub.* 94 et al.

5 ἁρπασθῆναι: haec lectio, videlicet clara coniectura (vel dicas emendationem ope ingenii) in Aldinam editionem ex codice La defluxa, videtur

ὁ δὲ νοῦς καίτοι εἰ ἀνάγκη ὁ εἰδὼς ἕξει μὲν οὖν†, τὴν δὲ δύναμιν τὴν αὐτὴν ἔχει. λόγος γὰρ ψυχὴν ὁ πείσας, ἣν ἔπεισεν, ἠνάγκασε καὶ πείθεσθαι τοῖς λεγομένοις καὶ συναινέσαι τοῖς ποιουμένοις. ὁ μὲν οὖν πείσας ὡς ἀναγκάσας ἀδικεῖ, ἡ δὲ πεισθεῖσα ὡς ἀναγκασθεῖσα τῷ λόγῳ μάτην ἀκούει κακῶς. **13.** ὅτι δ' ἡ πειθὼ προσιοῦσα τῷ λόγῳ καὶ τὴν ψυχὴν ἐτυπώσατο ὅπως ἐβούλετο, χρὴ μαθεῖν πρῶτον μὲν τοὺς τῶν μετεωρολόγων λόγους, οἵτινες δόξαν ἀντὶ δόξης τὴν μὲν ἀφελόμενοι τὴν δ' ἐνεργασάμενοι τὰ ἄπιστα καὶ ἄδηλα φαίνεσθαι τοῖς τῆς δόξης ὄμμασιν ἐποίησαν· δεύτερον δὲ τοὺς ἀναγκαίους διὰ λόγων ἀγῶνας, ἐν οἷς εἷς λόγος πολὺν ὄχλον ἔτερψε καὶ ἔπεισε τέχνῃ γραφείς, οὐκ ἀληθείᾳ λεχθείς· τρίτον ⟨δὲ⟩ φιλοσόφων λόγων ἁμίλλας, ἐν αἷς δείκνυται καὶ γνώμης τάχος ὡς εὐμετάβολον ποιοῦν τὴν τῆς δόξης πίστιν. **14.** τὸν αὐτὸν δὲ λόγον ἔχει ἥ τε τοῦ λόγου δύναμις πρὸς τὴν τῆς ψυχῆς τάξιν ἥ τε τῶν φαρμάκων τάξις πρὸς τὴν τῶν σωμάτων φύσιν. ὥσπερ γὰρ τῶν φαρμάκων ἄλλους ἄλλα χυμοὺς ἐκ τοῦ σώματος ἐξάγει, καὶ τὰ μὲν νόσου τὰ δὲ βίου παύει, οὕτω καὶ τῶν λόγων οἱ μὲν ἐλύπησαν, οἱ δὲ ἔτερψαν, οἱ δὲ ἐφόβησαν, οἱ δὲ εἰς θάρσος κατέστησαν τοὺς ἀκούοντας, οἱ δὲ πειθοῖ τινι κακῇ τὴν ψυχὴν ἐφαρμάκευσαν καὶ ἐξεγοήτευσαν.

15. καὶ ὅτι μέν, εἰ λόγῳ ἐπείσθη, οὐκ ἠδίκησεν ἀλλ' ἠτύχησεν, εἴρηται· τὴν δὲ τετάρτην αἰτίαν τῷ τετάρτῳ λόγῳ διέξειμι. εἰ γὰρ ἔρως ἦν ὁ ταῦτα πάντα πράξας, οὐ χαλεπῶς διαφεύξεται τὴν τῆς λεγομένης γεγονέναι ἁμαρτίας αἰτίαν. ἃ γὰρ ὁρῶμεν, ἔχει φύσιν οὐχ ἣν ἡμεῖς θέλομεν, ἀλλ' ἣν ἕκαστον ἔτυχε· διὰ δὲ τῆς ὄψεως ἡ

77 ὁ δὲ νοῦς om. A^{pr} | εἰ A ε : ἡ R V ζ : om. Am_3 | ὁ εἰδὼς ἕξει μὲν οὖν] ὄνειδος ἕξει μὲν οὖν δ ζ : μὲν ὄνειδος ἕξει μὲν οὖν γ : ὄνειδος ἕξει μὲν οὐ (post οὐ lacunam sign.) Am_4 : ὄνειδος μὲν La : ὄνειδος ἕξει μὲν οὒ Ald ‖ **78** ψυχὴν ὁ] τὴν ψυχὴν ὁ β : ὁ τὴν ψυχὴν La | ἣν] ἦν A (-B) β (-η La) ‖ **81** τῷ λόγῳ] λόγῳ β : om. Am_3 ‖ **84–85** τὰ ἄδηλα καὶ ἄπιστα β ‖ **86** διὰ τοὺς ἀναγκαίους τῶν λόγων ἀγῶνας A^{pr} (dubie) | ἀναγκαίους] ἀγοραίους Ald **88** τρίτον ⟨δὲ⟩ Am_4 ‖ **89** ὡς om. ζ ‖ **90** λόγου] νόμου γ (-η) δ (- La Ald E) τῆς om. Am_3 δ ‖ **92** ἄλλους ἄλλα χυμοὺς Am_4 : ἄλλους ἀλλαχοῦ A β | ἐκ om. Am_4 ‖ **94** ἔτρεψαν A ‖ **96** ἐξεφαρμάκευσαν καὶ ἐγοήτευσαν A ‖ **97** μέν om. γ ‖ **99** πάντα om. β ‖ **100** ἃ] καὶ ε | ἔχει φύσιν A^{corr} : ἔχει τὴν φύσιν A^{pr} : om. β ‖ **101** ἕκαστον Bek. : ἕκαστος A β | ἡ om. β (-ζ La Ald)

necessaria, cum maximi sit momenti ad concinnitatem tum secundum grammaticam tum pro sensu aperiendo (Am_4 ἁρπάσαι: ἡρπάσθη A β).

ψυχὴ κἀν τοῖς τρόποις τυποῦται. **16.** αὐτίκα[6] γὰρ ὅταν πολέμια σώματα καὶ πολέμιον ἐπὶ πολεμίοις ὁπλίσει κόσμον χαλκοῦ καὶ σιδήρου, τοῦ μὲν ἀλεξητήριον τοῦ δὲ πρόβλημα, τ⟨ῇ θέ⟩ᾳ θεάσηται ἡ ὄψις, ἐταράχθη καὶ ἐτάραξε τὴν ψυχήν, ὥστε πολλάκις κινδύνου τοῦ μέλλοντος ὄντος φεύγουσιν ἐκπλαγέντες· ἰσχυρὰ γὰρ ἡ ἀλήθεια τοῦ νόμου διὰ τὸν φόβον εἰσῳκίσθη τὸν ἀπὸ τῆς ὄψεως, ἥτις ἐλθοῦσα ἐποίησεν ἀσμενίσαι καὶ τοῦ καλοῦ τοῦ διὰ τὸν νόμον κρινομένου καὶ τοῦ ἀγαθοῦ τοῦ διὰ τὴν δίκην γινομένου. **17.** ἤδη δέ τινες ἰδόντες φοβερὰ καὶ τοῦ παρόντος ἐν τῷ παρόντι χρόνῳ φρονήματος ἐξέστησαν· οὕτως ἀπέσβεσε καὶ ἐξήλασεν ὁ φόβος τὸ

103 καὶ πολέμιον ἐπὶ πολεμίοις] καὶ πολέμιον ἐπὶ πολεμι' X : καὶ πολέμιον ἐπὶ πολεμίου Co : καὶ πολέμιον ἐπὶ πολέμιον La (ἐπὶ πολέμιον om. Ald) : ⟦καὶ⟧ πολέμιος ἐπὶ πολέμιον Am$_4$: καὶ ante πολέμιον secl. Bla. | ὁπλίσει A γ X^{pr} Co : ὁπλίσῃ V ζ X^{corr} Am$_4$ La : ὁπλίσῃς Ald : ὁπλίσεται Rei. **104** ἀλεξιτήριον A γ ε H | πρόβλημα τ⟨ῇ θέ⟩ᾳ Diano (apud Donadi^5, 72 s.) : προβλήματα εἰ A b : προβλητήριον Imm. | θεάσηται Sau. : θεάσεται A β : θεάσαιτο Am$_4$ ‖ **105–106** κινδύνου τοῦ μέλλοντος ὄντος] ⟨ἀ⟩κινδύνου τοῦ μέλλοντος ὄντος γ : κινδύνου μέλλοντος ὄντος La : κινδύνου μέλλοντος ⟨οὐδέπω⟩ ὄντος Ald : κινδύνου τοῦ μέλλοντος ⟨ὡς⟩ ὄντος Die. ‖ **106** ἰσχυρῶς La Ald ‖ **107** ἀλήθεια] συνήθεια Die. : ἐπιλήθεια Imm. : ἀμέλεια MacDowell | νόμου] πόνου Donadi 1982, Donadi^5, 74 s. (cf. 14. 90) : λόγου E Unt. | εἰσῳκίσθη] ἐξῳκίσθη Can. Rei. Die. ‖ **108** ἀσμενίσαι] ἀμελῆσαι Can. Bek. (dubitative) : ἀμνημονῆσαι Rei. : ἀσμενίσαι ⟨ἀποτευξομένους⟩ Imm. τοῦ ante διὰ om. A^{pr} ‖ **109** δίκην] γνώμην La : νίκην Bla. Die. | γινομένου Die. ("ionisch, Reim mit κρινομένου"; cf. 10. 55 συγγινομένη) : γιγνομένου A β ‖ **110** χρόνῳ om. ε

6 αὐτίκα... verba primae enuntiationis "facillime percipiuntur" (cf. Immisch, 39): ὁπλίσει, "armorum apparatu" servandum est (A γ X^{pr} Co), itemque κινδύνου τοῦ μέλλοντος ὄντος (A β (–γ)): "adeo ut expavescentes vel tuti saepe fugiamus" (Bembus). Quod ad secundam paragraphi enuntiationem attinet, hic quoque mihi non reiiciendus textus videtur, cum duo traditionis rami (ut nuncupantur), A et β, inter se consentiant. Bembus: "Vehemens enim ac verax prima illa, uti legis cuiusdam, fides per timorem recipitur, quae adveniens, quicquid pulchrum esse per legem illam aut bonum per mentem (*per iustitiam* A β) putat, id ut ille amplectatur (= ἀσμενίσαι) facit". Sensus: φόβος, – Latine timor – adveniens, nos fugat; sed in illo ipso tempore illud antidotum est: "quod pulchrum est per legem, vel bonum per iustitiam, facit ut nos timori obnitamur et congrediamur" (cf. etiam Buchheim, 13).

νόημα. πολλοὶ δὲ ματαίοις πόνοις καὶ δειναῖς νόσοις καὶ δυσιάτοις μανίαις περιέπεσον· οὕτως εἰκόνας τῶν ὁρωμένων πραγμάτων ἡ ὄψις ἐνέγραψεν ἐν τῷ φρονήματι. καὶ τὰ μὲν δειματοῦντα πολλὰ μὲν παραλείπεται, ὅμοια δ᾽ ἐστὶ τὰ παραλειπόμενα οἷάπερ ⟨τὰ⟩ λεγόμενα. **18.** ἀλλὰ μὴν οἱ γραφεῖς ὅταν ἐκ πολλῶν χρωμάτων καὶ σωμάτων ἓν σῶμα καὶ σχῆμα τελείως ἀπεργάσωνται, τέρπουσι τὴν ὄψιν· ἡ δὲ τῶν ἀνδριάντων ποίησις καὶ ἡ τῶν ἀγαλμάτων ἐργασία ⟨ν⟩όσον ἡδεῖαν παρέσχετο τοῖς ὄμμασιν. οὕτω τὰ μὲν λυπεῖν, τὰ δὲ ποθεῖν πέφυκε τὴν ὄψιν[7]. πολλὰ δὲ πολλοῖς πολλῶν ἔρωτα καὶ πόθον ἐνεργάζεται πραγμάτων καὶ σωμάτων. **19.** εἰ οὖν τῷ τοῦ Ἀλεξάνδρου σώματι τὸ τῆς Ἑλένης ὄμμα ἡσθὲν προθυμίαν καὶ ἅμιλλαν ἔρωτος τῇ ψυχῇ παρέδωκε, τί θαυμαστόν; ὃς εἰ μὲν θεὸς θεῶν θείαν δύναμιν ⟨ἔχει⟩, πῶς ἂν ὁ ἥσσων εἴη τοῦτον ἀπώσασθαι καὶ ἀμύνασθαι δυνατός; εἰ δ᾽ ἐστὶν ἀνθρώπινον νόσημα καὶ ψυχῆς ἀγνόημα, οὐχ ὡς ἁμάρτημα μεμπτέον ἀλλ᾽ ὡς

112 ματάιοις πόνοις καὶ δειναῖς (δεινοῖς A^{pr}) νόσοις A : ματαίαις νόσοις καὶ δεινοῖς πόνοις β (sed ματαίαις νόσοις καὶ δυσιάτοις μανίαις καὶ δεινοῖς πόνοις H) ‖ **114** φρονήματι] νοήματι X^{pr} La N ‖ **115** ⟨τὰ⟩ Am_4 La Ald **119** ⟨ν⟩όσον Dob. : ὅσον A β : θέαν Br. Keil (apud D.-K.) | ὅσον ἡδεῖαν ⟨ὄψιν⟩ η : ὅσον ἡδεῖαν ⟨θέαν⟩ Sykutris | τοῖς ὄμμασιν] τοῖς σώμασιν γ : τοῖς ὄμμασιν ⟨ὄψιν⟩ La Ald ‖ **119–120** οὕτω… ὄψιν varie temptatus : λυπεῖν] λιπεῖν La : πέφυκε] πεποίηκε Sau. : ποθεῖν ⟨ποιεῖν⟩ Bla. : ποθεῖν] κηλεῖν Die. etc. Sensus : οὕτω τὰ μὲν λυπεῖν ⟨πέφυκε τὴν ὄψιν⟩, τὰ δὲ ποθεῖν πέφυκε τὴν ὄψιν ‖ **120** τὴν om. β (- ζ) ‖ **121** ἐνεργάζεται] ἐργάζονται A | καὶ σωμάτων om. β ‖ **122** τοῦ om. ζ | ὄμμα] σῶμα A γ Pl_1 ‖ **124** ὃς om. A^{pr} | θεῶν] κατὰ θεῶν R | δύναμιν ⟨ἔχει⟩ scripsi : θεὸς ⟨ὢν ἔχει⟩ Bla. : δύναμιν ⟨κρατεῖ⟩ La : ⟨ἔχων⟩ θεῶν Macdowell Buchheim | ὁ ἥσσων] ὃ ἧσσον Am_4 **125** τοῦτον] τούτων ε : om. Am_4 | δυνατόν Am_4 E ‖ **126** ὡς[1]] καὶ Am_4 : om. La Ald

---

7 οὕτω τὰ μὲν λυπεῖν, τὰ δὲ ποθεῖν πέφυκε τὴν ὄψιν: locus varie temptatus exitu incerto. In angustias adducimur duorum infinitorum causa, quibus subiecta pugnantia sunt. Mea quidem opinione textus traditus servandus est: τὴν ὄψιν uno tempore est subjectum et objectum, veluti scriptum sit: οὕτω τὰ μὲν (subjectum) λυπεῖν ⟨πέφυκε τὴν ὄψιν (objectum)⟩, τὰ δὲ (objectum) ποθεῖν πέφυκε τὴν ὄψιν (subjectum). Haec compositio graece fieri potest: cf. ex. causa Hdt. 1. 137 et alibi; Stein, 163 n. 4. L. Bottin conjecturam veri similem mihi proposuit, ablationem nimirum unius litterae: οὕτω τὰ μὲν λυπεῖ{ν}, τὰ δὲ ποθεῖν πέφυκε τὴν ὄψιν ("ex iis quae videmus, nunnulla dolorem nobis afficiunt, alia quidem secundum naturam visus ipse cupit").

ἀτύχημα νομιστέον· ἦλθε γὰρ ὡς ἦλθε, ψυχῆς ἀγρεύμασιν, οὐ γνώμης βουλεύμασιν, καὶ ἔρωτος ἀνάγκαις, οὐ τέχνης παρασκευαῖς.

20. πῶς οὖν χρὴ δίκαιον ἡγήσασθαι τὸν τῆς Ἑλένης μῶμον, ἥτις εἴτ' ἐρασθεῖσα εἴτε λόγῳ πεισθεῖσα εἴτε βίᾳ ἁρπασθεῖσα εἴτε ὑπὸ θείας ἀνάγκης ἀναγκασθεῖσα ἔπραξεν ἃ ἔπραξε, πάντως διαφεύγει τὴν αἰτίαν;

21. ἀφεῖλον τῷ λόγῳ δύσκλειαν γυναικός, ἐνέμεινα τῷ νόμῳ ὃν ἐθέμην ἐν ἀρχῇ τοῦ λόγου· ἐπειράθην καταλῦσαι μώμου ἀδικίαν καὶ δόξης ἀμαθίαν, ἐβουλήθην γράψαι τὸν λόγον Ἑλένης μὲν ἐγκώμιον, ἐμὸν δὲ παίγνιον.

127 ψυχῆς] τύχης Rei. ‖ **128** βουλεύμασιν] βασιλεύμασιν R ‖ **132** ἃ ἔπραξε om. β | πάντως] πάντων Am_4 ‖ **134–135** τῷ νόμῳ ὃν ἐθέμην] τῷ μωμ[**] ὃν ἐθέμην A^{pr} : τῷ μώμῳ ὃν ἐνεθέμην A^{corr} : τῷ λόγῳ νόμῳ ὃν ἐθέμην ζ **135** ἐν ἀρχῇ] ἐπ' ἀρχῇ β (- H)

PETRI BEMBI LAVDATIO
ET CONSTANTINI LASCARIS TEXTVS

CONSPECTVS SIGLORVM*

Codices Bembi *In Helenam laudatio* et codex Constantini Lascaris (La) quo Bembus ipse in versione latina suscipienda usus est

LATINA

V	Florentinus BNC II. VII. 125
M	Marcianus It. X. 367 (= 7123)
Mor.	Morelli correctiones superscriptae vel in margine codicis M

GRAECA

La	Matritensis 7210 (N 98)
A	Londiniensis Burn, 95
β	consensus γ δ ζ
X	Heidelbergensis Pal. Gr. 88
X^{pr}, X^{sscr}	X ante correctionem, cum textu in interlinea
Np	Neapolitanus II. D. 26 (Gr. 122)
Y	Oxoniensis Barocc. Gr. 119
Ald	editio princeps Aldina
rell.	reliqui codices
pl.	plerique codices
alii	nonnulli codices
-	e.g.: A: β (-La): codices yparchetypi β excepto La, qui sequitur A
⟨ ⟩	supplevi
{ }	delevi
⟦ ⟧	litterae a scriba deletae

* De rationibus quibus usus sum in edendis Pyrri Vizani et Constantini Lascaris codicibus cf. Donadi 1983, XXV.

PETRI BEMBI BERN(ARDI) FIL(II) AD ILL(VSTRISSIMVM) PROREGEM SICILIAE FERDINANDVM DE ACVNIA IN GORGIAE LEONTINI INTERPRETATIVNCVLAM PRAEFATIO 226

Gorgiam Leontinum insulanum tuum Graecum hominem Latina in veste ad te mitto, illustrissime prorex Ferdinande, tum pro iure quo tibi domino ac tutori optimo debent maxime vel qui externi sunt, vel quia unus prope es qui bonas omnes artes amplecteris quique universas disiectae antiquitatis reliquias colligis atque admiraris. Equidem, cum plurima tibi undique adferantur, ego quoque aliquid dedisse volui quo delecteris; etenim aereae marmorisque effigies vultus nobis ostendunt eorum quos imitantur, scripta vero animos hominum virtutesque prae se ferunt, quamquam omnino nimis sane parva res ista parvumque munus est quo te donamus, atque huius mei ausus plane iam me ipsum suppudet: tuae enim amplitudini maxima quaeque tantum grandioraque conveniunt. Verum praeceptor noster Constantinus Lascaris, vir inter Graecos nulli omnium qui hodie vivant secundus tuique idem nominis observantissimus, quaerenti mihi hoc, quod tibi potissimum dedicarem, proposuit, putans te laeta fronte susceptu-rum, | quicquid id esset, si tibi Siculorum proregi Siculum virum 226 v
tot iam ante aetates natum multique nominis, apud utrosque scriptores[1] paene oblitum, restituerem ac explicarem. Demum satis facit qui lubens facit, atque is dat omnia qui dat quae potest. Ego, cum paucis abhinc mensibus in hac tua urbe Graecam linguam ab ipsis elementis incoeperim, maiora tractare neque ausus sum neque potuissem. Accipe igitur ea, qua omnes praestas, humanitate, primitias studiorum meorum: Gorgiae nostri laudationem quam in Helenam lusit, ut ipse fatetur, unam, quae ad manus nostras pervenit ex tribus orationibus quae adhuc extant, quod ego sciam, ex tot tanti viri scriptis, caetera insidiosa nobis aetas invidit. Haec tamen ipsa, quamquam etiam reliquis duabus

Titulus Aragonia *pro* Acunia *scr. in marg. ac del.* Mor. ‖ **1** Latina V *s. l.* Mor. : gratum M ‖ **2** te V M : versione *s. l.* Mor. ‖ **17** virum V *s. l.* Mor. : unum M ‖ **26** restant *del. ac superscr.* extant V

---

1 *apud utrosque scriptores* : scilicet Graecos et Latinos.

minor[2], artis tibi in dicendo illius ingeniique acuminis specimen dabit. Sunt tamen qui[3] illum accusent tanquam poeticis vocabulis ac poetico prope stilo nimis usum. De eo igitur pauca, nunc carptim collecta, ne cuncta desiderentur, subiiciamus, atque eo magis
227 etiam quo tibi notior sit Siculus tuus. | Gorgias Charmentidis filius acutissimus sophista atque antiquissimus fere rhetor Empedoclis Agrigentini discipulus fuit. Is beneficio longissimae aetatis usus; nam centum et novem vixit annos. LXXXVIa Olympiade cum multis simul floruit, Coracemque ac Thysiam Siculos artium scriptores vetustissimos insequutus ac aemulatus est[4]. Leontinum patriam habuit nobilitate atque opibus satis clarus. Hunc Leontini, cum a finitimis infestarentur, legatum ad impetrandum auxilium Athenas miserunt, qui impetrato auxilio Atheniensium persuasu ibi permansit atque rhetoricen docuit, totamque urbem ad eam

31 nunc V *s. l.* Mor. : nec M ‖ **33** Charmentidis *scr.* V *pro* Charmantidis **34** acutissimus M : accutissimus V ‖ **37** Thysiam *pro* Tisiam *scr.* V (*Bembi an librarii error? Cf. supra, 25*) ‖ **41** miserunt M : miserunt V

2 *haec tamen ipsa, reliquis duabus minor* : codex deperditus quem Constantinus Lascaris Florentiae in bibliotheca Divi Marci se legisse scripsit quoque fortasse usus est, qui tres Gorgiae orationes continebat (de eius sententia), cum nobis solum duae, *Helenae laudatio* et *Palamedis defensio*, cognitae sint. Mysterium insolutum...

3 *Sunt tamen qui...*: cf. Ar. *Rh.* III, praesertim 1404a 24–28: ἐπεὶ δ' οἱ ποιηταί, λέγοντες εὐήθη, διὰ τὴν λέξιν ἐδόκουν πορίσασθαι τὴν δόξαν, διὰ τοῦτο ποιητικὴ πρώτη ἐγένετο λέξις, οἷον ἡ Γοργίου, καὶ νῦν ἔτι οἱ πολλοὶ τῶν ἀπαιδεύτων τοὺς τοιούτους οἴονται διαλέγεσθαι κάλλιστα. Quamvis in bibliotheca Constantini Lascaris Aristotelis *Artis rhetoricae* duo codices essent (Matr. 4579 et 4687: cf. Fernandez-Pomar[2], 500), Bembus haud dubie usus esse videtur recentioribus fontibus (e. g. Philostratus 1.9 = D.-K. 82 A 2; Diod. 1.9 = D.-K. 82 A 1; Suid. s.v. = D.-K. 82 A 4, et cet.

4 *Gorgias... aemulatus est*: cf. Quint. *Inst. Or.* 3. 1. 8–10: = D.-K. 82 A 14: *artium autem scriptores antiquissimi Corax et Tisias Siculi, quos insecutus est vir eiusdem insulae Gorgias Leontinus, Empedoclis, ut traditur, discipulus. Is beneficio longissimae aetatis (nam centum et novem vixit annos) cum multis simul floruit, ideoque et illorum, de quibus supra dixi, fuit aemulus et ultra Socratem usque duravit.* Notandum est tamen patris nomen in loco quintilianeo non contineri, sed e Suida fluxisse. Eodem modo, Bembus mentionem facit de LXXXVIa Oympiade, quae aliis fontibus non consentit (cf. D.-K. 81 A 2, 10).

artem commovit adeoque perplacuit, ut dies quibus orabat festa, orationes eius lampades vocarentur[5]. Is, quamquam ingenio abundaret, a re tamen civili ac negociis animi iudicio quodam abhorruit; quod etiam de Trasymaco[6], de Isocrate deque aliis[7] legimus. Ab eo edocti, oratores claruere quam plurimi, inter quos fuere Polus Agrigentinus, Pericles, Alcidamas, Lysias, Antiphon, qui

---

5 *Leontinum... eius lampadae vocarentur*: fontes recentioris aetatis sunt; e. g.: Ὁ δὲ Γοργίας ἐλθὼν εἰς τὰς Ἀθήνας ῥητορεύειν ἐσπούδασε, δι᾽ ἣν ἀφίκετο χρείαν, καὶ τοσοῦτο περιῆν τῷ ῥήτορι κάλλος περὶ τὴν φράσιν, ὥστε πάσας Ἀθήνας κινῆσαι περὶ τὴν ἀκρόασιν τὴν αὐτοῦ· συνερχόμενοι οὖν τὰς μὲν ἡμέρας τῶν ἐπιδείξεων ἐκάλουν ἑορτάς, τοὺς δὲ λόγους ἐκάλουν λαμπάδας, ὑπερήστραπτε γάρ, ὡς ἔοικεν, ἡ τῶν λόγων δύναμις τὰς ἀκοὰς τῶν ἀκροατῶν (Δοξοπάτρου *προλεγόμενα τῆς ῥητορικῆς*, Walz VI, 15. 4 ss.); γενομένου πολέμου μεταξὺ Λεοντίνων καὶ ἄλλων ἐπιχωρίων, ἐδεήθησαν οἱ Λεοντῖνοι συμμαχίας ἐκ τῶν Ἀθηναίων, καὶ δὲ βουλεύονται, τίνα ὤφελον στεῖλαι ἱκανὸν πρὸς αὐτούς, καὶ πέμπουσι τὸν Γοργίαν πρὸς Ἀθηναίους ὡς εἰδότα τὸ πείθειν. Ἐλθόντος δὲ Γοργίου εἰς τὰς Ἀθήνας, ἐπεδείξατο ἐκεῖ λόγον καὶ εὐδοκίμησε πάνυ. Ὥστε ἡνίκα ἐπεδείκνυτο λόγον ὁ Γοργίας, ἑορτὴν ἄπρακτον ἐποίουν Ἀθηναῖοι· καὶ λαμπάδας τοὺς λόγους αὐτοῦ ὠνόμασαν (*Εἰσαγωγὴ σχολιῶν ἐκ διαφόρων τεχνογράφων εἰς τὰ προλεγόμενα τῆς Ἑρμογένους ῥητορικῆς*, Walz IV, 15); Ἐπλατύνθη [scil. ἡ ῥητορική] δὲ ἀπὸ Γοργίου τοῦ Λεοντίνου, ὃς πρεσβευτὴς ἀποσταλεὶς πρὸς τοὺς Ἀθηναίους οὕτως ἐπέτυχεν, ὥστε τὰς ἡμέρας ἐκείνας ἐν αἷς ἐπεδέξαντο οἱ Ἀθηναῖοι ἑορτὰς ἐκάλουν, τοὺς δὲ λόγους αὐτοῦ λαμπάδας· ὥσπερ γὰρ τὸ πῦρ ἐκκρούει τὸ σκότος, οὕτως καὶ οἱ συνετοὶ λόγοι τὴν ἄνοιαν (Μαξίμου τοῦ Πλανούδη *Προλεγόμενα τῆς Ῥητορικῆς*, Walz V, 216. 6 ss.).

6 *de Trasymaco, de Isocrate*: fons, quo Bembus de Trasymaco usus sit, fieri potest esse Dionys. *Isae.* 20 = D.-K. 85 A 13e: ὁ δὲ καθαρὸς μὲν καὶ λεπτὸς καὶ δεινὸς εὑρεῖν τε καὶ εἰπεῖν στρογγύλως καὶ περιττῶς ὃ βούλεται, πᾶς δέ ἐστιν ἐν τοῖς τεχνογραφικοῖς καὶ ἐπιδεικτικοῖς, δικανικοὺς δὲ [ἢ συμβουλευτικοὺς] οὐκ ἀπολέλειπε λόγους. Quod ad Isocratem attinet, optimus fons est Cic. *Brut.* 32: *Isocrates (...) magnus orator et perfectus magister, quamquam forensi luce caruit intraque parietes aluit eam gloriam quam nemo meo quidem iudicio est postea consecutus.*

7 *deque aliis*: quibusnam de oratoribus Bembus loquatur, incertum manet.

primus scripsisse orationem traditur[8], Isocratesque, cui etiam supervixit; quamquam de praeceptore eius inter auctores non satis convenit[9], cuius etiam e ludo tanquam ex equo Troiano meri
227 v principes exiere[10]. Scripsit *Rhetoricen*, orationes, epistolas plu|rimas, adeoque miri ingenii fuit, quod de omni re quaecunque in disceptationem quaestionemque vocaretur, se copiosissime dicturum esse professus est; isque princeps ex omnibus ausus est in conventu poscere qua de re quisque vellet audire, nullumque esse ens solus philosophorum omnium affirmavit[11], cui tantus honos est habitus a Graecia, soli ut ex omnibus Delphis non inaurata statua sed aurea statueretur[12]. Sed iam ipsum audiamus latina verba loquentem. Quae, ni fallor, nulla alia unquam aetas audivit, quod tamen illum consulto fecisse crediderim, ut tibi primum loqueretur.

---

8 *Ab eo edocti oratores... non satis convenit*: de Gorgiae discipulis, non est dubium quin Bembus ad potum Suidae iverit: (...) διδάσκαλος Πώλου Ἀκραγαντίνου καὶ Περικλέους καὶ Ἰσοκράτους καὶ Ἀλκιδάμαντος τοῦ Ἐλαίτου, ὃς αὐτοῦ καὶ τὴν σχολὴν διεδέξατο (Suid. s. v. = D.-K. 82 A 2 a). In discipulorum indice, Bembus nomina Antiphontis oratoris et Lysiae adiunxit: quod attinet ad Antiphontem, ipse notitiam de Suida deprompsit: cf. Suid. s. v.; quod pertinet ad Lysiam, cf. Constantini Lascaris, *Vitae illustrium Siculorum et Calabrorum*: *Lysias ille suavissimus orator, Cephali filius, Tisiae discipulus et Gorgias, Syracusanus, unus ex decem magnis oratoribus Graeciae* (Lascaris, 920). Fons Constantini Lascaris fieri potest Dionys. *Lys.* 10. 21 - 11. 8, et longius 11. 12 ss.

9 Cf. Quint. *Inst. Or.* 3. 1. 13 = D.-K. 82 A 16: *his successere multi, sed clarissimus Gorgiae auditor Isocrates; quamquam de praeceptore eius inter auctores non convenit: nos, tamen Aristoteli credimus.*

10 Cf. Cic. *De or.* 2. 94: *ecce tibi est exortus Isocrates* (*magister ist⟨e orat⟩orum omnium*), *cuius e ludo tamquam ex equo Troiano meri principes exierunt; sed eorum partim in pompa, partim in acie inlustres esse voluerunt* (ed. Kazimierz F. Kumaniecki 1969).

11 *nullumque... affirmavit*: fortasse Bembus notitiam in Isocrate invenit: πῶς γὰρ ἄν τις ὑπερβάλοιτο Γοργίαν τὸν τολμήσαντα λέγειν, ὡς οὐδὲν τῶν ὄντων ἔστιν, ἢ Ζήνονα τὸν ταὐτὰ δυνατὰ καὶ πάλιν ἀδύνατα πειρώμενον ἀποφαίνειν; (Isocr. 10. 3 = D.-K. 82 B 1).

12 *adeoque... statueretur*: paraphrasis Ciceronis *De or.* 3. 129 s. = D.-K. 82 A 7.

Γοργίου Λεοντίνου Ἑλένης ἐγκώμιον

cod. Matritensis 7210 (a Constantino Lascare sua propria manu conscriptus), f. 5*r*

1. Urbium ornamenta boni viri, corporum pulchritudo, animae sapientia, rerum omnium virtus, orationis verus sermo est; at contra dedecus quaecunque ista oppugnant. Equidem viri, mulieres, orationes, actus, res urbesque laudandae sunt quae laudem merentur, quaeque obrobrium, vituperandae. Unus enim error atque ignorantia est si laudanda dehonestemus, ac si quae dehonestanda sunt, extollamus. **2.** Eum autem ego decere existimo qui haec sentit: recte proferre quae iure ipso potest, atque eos reprobare qui Helenam calumniati sunt; Helenam, inquam, mulierem de qua poetarum testimonia quae, ut quisque audierat, tradidere, plane uno idem ore universa consentiunt: fama tamen nominis affert memoriam calamitatum. Mihi itaque mens est, ratione orationem firmanti, quicquid illi vitio datur absolvere, eosque mentitos fuisse ostendere qui illam accusaverunt, demum vera promere, tum sedare quas ignorantia permotiones excitavit. **3.** Enim vero
228 v naturam genusque duxisse a primoribus hominum | mulierem hanc de qua loquimur, neque obscurum est neque paucis notum. Scimus enim Ledam matrem habuisse illam, parentesque Tyndareum et Iovem, alterum qui se fecit deum, alterum qui se dixit mortalem. Equidem ille visus est quia se fecit; hic quia se ipse dixit, vocatus: atque ille omnium rex est, iste hominum praestantissimus fuit. **4.** Ita ex iis genita caelestibus aequalem formam, atque illam quidem non latentem, accepit. Nam et plurimo amorum saepe desiderio complures accepit, et multos mortales magnis in rebus egregie cordatos sola ipsa congregavit, quorum pars divitiarum maximarum, pars antiquae nobilitatis gloriam, alii proprias roboris aut sapientiae acquisitas vires habuere, venereque omnes amorum aemulatione atque invicta gloriae cupiditate permoti. **5.** Quis autem fuerit, tum quare praeterea, aut quibus modis potitus sit qui illam rapuit, non repetemus. Narrare enim ea quae quisque s⟨c⟩it, fidem nimirum accipit, voluptatem tamen afferre

4 actus *con.* (= ἔργον) : astus V ‖ **11** fama *s. l.* Mor. (= φήμη) : forma V **23–24** amorum *in marg.* Mor. (= ἔρωτος) : annorum V ‖ **28** *post* gloriae *scr. ac del.* permotio V ‖ **29** quare *con.* Pagliaroli (= δι' ὅτι) : quae V ‖ **31** scit *con.* (= ἴσασι) : sit V

Γοργίου Λεοντίνου Ἑλένης ἐγκώμιον

1. Κόσμος πόλει μὲν εὐανδρία, σώματι δὲ κάλλος, ψυχῇ δὲ σοφία, πράγματι δὲ ἀρετή, λόγῳ δὲ ἀλήθεια· τὰ δὲ ἐναντία τούτων ἀκοσμία. ἄνδρα δὲ καὶ γυναῖκα καὶ λόγον καὶ ἔργον καὶ πόλιν καὶ πρᾶγμα χρὴ τὸ μὲν ἄξιον ἐπαίνων τιμᾶν, τῷ δὲ ἀναξίῳ μῶμον ἐπιτιθέναι· ἴση γὰρ ἁμαρτία καὶ ἀμαθία μέμφεσθαί τε τὰ ἐπαινετὰ καὶ ἐπαινεῖν τὰ μωμητά. 2. τοῦ δ' αὐτοῦ ἀνδρὸς λέξαι τε τὸ δέον ὀρθῶς καὶ ἐλέγξαι τοὺς μεμφομένους Ἑλένην, γυναῖκα περὶ ἧς ὁμόψηφος καὶ ὁμόφωνος γέγονεν ἥ τε τῶν ποιητῶν ἀκουσάντων πίστις ἥ τε τοῦ ὀνόματος φήμη τῶν συμφορῶν μνήμη γέγονεν. ἐγὼ δὲ βούλομαι λογισμόν τινα τῷ λόγῳ δοὺς τὴν μὲν κακῶς ἀκούουσαν παῦσαι τῆς αἰτίας, τοὺς δὲ μεμφομένους ψευδομένους ἐπιδεῖξαι καὶ δεῖξαι τἀληθὲς καὶ παῦσαι τῆς ἀμαθίας. 3. ὅτι μὲν οὖν φύσει καὶ γένει τὰ πρῶτα τῶν πρώτων ἀνδρῶν καὶ γυναικῶν ἡ γυνὴ περὶ ἧς ὅδε ὁ λόγος, οὐκ ἄδηλον οὐδ' ὀλίγοις. δῆλον γὰρ ὡς μητρὸς μὲν Λήδας, πατρὸς δὲ τοῦ μὲν γενομένου θεοῦ, τοῦ δὲ λεγομένου θνητοῦ, Τυνδάρεω καὶ Διός, ὧν ὁ μὲν διὰ τὸ εἶναι ἔδοξεν, ὁ δὲ διὰ τὸ φάναι ἐλέχθη, καὶ ἦν ὁ μὲν ἀνδρῶν κράτιστος, ὁ δὲ πάντων τύραννος. 4. ἐκ τοιούτων δὲ γενομένη ἔσχε τὸ ἰσόθεον κάλλος, ὃ λαβοῦσα καὶ οὐ λαθοῦσα ἔσχε· πλείστας δὲ πλείστοις ἐπιθυμίας ἔρωτος ἐνειργάσατο, ἑνὶ δὲ σώματι πολλὰ σώματα συνήγαγεν ἀνδρῶν ἐπὶ μεγάλοις μέγαλα φρονούντων, ὧν οἱ μὲν πλούτου μεγέθη, οἱ δὲ εὐγενείας παλαιᾶς εὐδοξίαν, οἱ δὲ ἀλκῆς οἰκείας εὐεξίαν, οἱ δὲ σοφίας ἐπικτήτου δύναμιν ἔσχον· καὶ ἧκον ἅπαντες ὑπ' ἔρωτός τε φιλονείκου φιλοτιμίας τε εὐκινήτου. 5. ὅστις μὲν οὖν καὶ διότι καὶ ὅπως ἀπέπλησε τὸν ἔρωτα ὁ τὴν Ἑλένην λαβών, οὐ λέξω· τὸ γὰρ τοῖς εἰδόσιν ἃ ἴσασι λέγειν πίστιν μὲν ἔχει, τέρψιν δὲ οὐ φέρει. τὸν χρόνον δὲ τῷ λόγῳ τὸν τότε νῦν ὑπερβὰς ἐπὶ τὴν ἀρχὴν τοῦ μέλλοντος λόγου προβήσομαι καὶ

Tit. Γοργίου Λεοντίνου Ἑλένης ἐγκώμιον La : Γοργίου Ἑλένης ἐγκώμιον pl. ‖ **4** καὶ πρᾶγμα A La Ald Am_4 : καὶ om. β ‖ **8** ὁμόψηφος (X^{sscr}) sed s. l. ὁμόψυχος (X^{pr}) La : ὁμόψυχος Np : ὁμόψηφος Ald ‖ **12** καὶ^{2} La Ald. : ἢ rell. ‖ **17** φάναι La pl. : φῦναι Ald ‖ **24** εὐκινήτου sed superscr. ἀνικήτου La : ἀνικήτου Np Ald rell. ‖ **25** ⟨ὁ⟩ τὴν Ἑλένην La Ald : ὁ om. rell.

nullam potest. Nunc igitur ea pertransibo quae tunc fuere atque
ad exordium futurae narrationis procedam, causasque Helenae
229 quibus ad Troiam necessario | enavigavit, expediam. **6.** Porro vel
voluntate fortunae et deorum iussu necessitatisque decreto fecisse
illam quae fecit, aut vi raptam, aut verbis seductam, aut ab amore
impulsam fuisse dicamus necesse est. Equidem si quod primum
est: nempe qui accusandus est, incusemus. Nam quae deorum
nutu statuta sunt, iis humano consilio obsisti nequaquam potest.
Natura enim comparatum est non debilioribus impediri praestan-
tiora, sed deteriora omnia ab iis quae prima sunt duci atque agi;
item praeire nobiliora, ac solere, quaecumque infra sunt, sequi.
Immortales vero et vires et intellectus et reliqua habent omnia
mortalibus meliores. Quare aut fortunae sunt et caelo ipsae culpae
inscribendae, aut omnino Helenam ab infamia liberemus. **7.** Caeterum si vi rapta, si iniqua, si iniusta passa est, quippe qui rapuit
atque vim intulit is est qui peccavit, ipsa sane quae rapta est ut
quae cogitur iniuriam accepit. Verum ille barbarus qui barbarum
facinus aggressus est, calumniandus lege, accusandus verbis,
229 v rebus ipsis plectendus est; ast ipsi vi coactae, pa|tria exulanti,
amicorum orbae quid obstat quin decenter potius misereamur
quam maledicamus? Sane gravia ille com⟨m⟩isit, ista passa est: ita
huic misereri, atque illum odisse nos decet. **8.** Si tamen verba
persuasere atque ab illis animus deceptus est, et ista⟨m⟩ plane
tutabimur et causas non difficulter exolvemus. Certe orationi
magna vis inest, quae divina in humili obscuroque corpuscolo
tractat et perficit. Ipsa enim timores fugare, auferre moerores,
laeta promere atque augere misericordiam potest. haec autem
quomodo ita se habeant, demonstrabo: **9.** audienda vero et ipsis
rationibus demonstrare par est. Poeticen omnem orationem esse
mensuras habentem puto atque appello; hanc si quis audiat,
continuo aut horror trepidus aut aemulationes invidae aut lachry-

54 ista⟨m⟩ *scr.* : ista V

προθήσομαι τὰς αἰτίας δι᾽ ἃς εἰκὸς ἦν γενέσθαι τὸν τῆς Ἑλένης εἰς Τροίαν στόλον. **6.** ἢ γὰρ τύχης βουλήματι καὶ θεῶν κελεύσματι καὶ ἀνάγκης ψηφίσματι ἔπραξεν ἃ ἔπραξεν, ἢ βίᾳ ἁρπασθεῖσα, ἢ λόγοις πεισθεῖσα, ἢ ἔρωτι ἁλοῦσα. εἰ μὲν οὖν διὰ τὸ πρῶτον, ἄξιος αἰτιᾶσθαι ὁ αἰτιώμενος· θεοῦ γὰρ προθυμίαν ἀνθρωπίνῃ προμηθίᾳ ἀδύνατον κωλύειν. πέφυκε γὰρ οὐ τὸ κρεῖσσον ὑπὸ τοῦ ἥσσονος κωλύεσθαι, ἀλλὰ τὸ ἧσσον ὑπὸ τοῦ κρείττονος ἄρχεσθαί τε καὶ ἄγεσθαι, τὸ μὲν γὰρ κρεῖσσον ἡγεῖσθαι, τὸ δὲ ἧττον ἕπεσθαι. θεὸς δ᾽ ἀνθρώπου κρείσσων καὶ βίᾳ καὶ σοφίᾳ καὶ τοῖς ἄλλοις. ἢ οὖν τῇ τύχῃ καὶ τῷ θεῷ τὴν αἰτίαν ἀναθετέον, ἢ τὴν Ἑλένην τῆς δυσκλείας ἀπολυτέον. **7.** εἰ δὲ βίᾳ ἡρπάσθη καὶ ἀνόμως ἐβιάσθη καὶ ἀδίκως ὑβρίσθη, δῆλον ὅτι ὁ ἁρπάσας ἢ ὑβρίσας ἠδίκησεν, ἡ δὲ ἁρπασθεῖσα ἢ ὑβρισθεῖσα ἐδυστύχησεν. ἄξιος οὖν ὁ μὲν ἐπιχειρήσας βάρβαρος βάρβαρον ἐπιχείρημα καὶ νόμῳ καὶ λόγῳ καὶ ἔργῳ, νόμῳ μὲν ἀτιμίας, λόγῳ δὲ αἰτίας, ἔργῳ δὲ ζημίας τυχεῖν· ἡ δὲ βιασθεῖσα καὶ τῆς πατρίδος στερηθεῖσα καὶ τῶν φίλων ὀρφανισθεῖσα πῶς οὐκ ἂν εἰκότως ἐλεηθείη μᾶλλον ἢ κακολογηθείη; ὁ μὲν γὰρ ἔδρασε δεινά, ἡ δὲ πέπονθε· δίκαιον οὖν τὴν μὲν οἰκτείρειν, τὸν δὲ μισῆσαι. **8.** εἰ δὲ λόγος ἦν ὁ πείσας καὶ τὴν ψυχὴν ἀπατήσας, οὐδὲ πρὸς τοῦτο χαλεπὸν ἀπολογήσασθαι καὶ τὴν αἰτίαν ἀπολύσασθαι ὧδε. λόγος δυνάστης μέγας ἐστίν, ὃς μικροτάτῳ σώματι καὶ ἀφανεστάτῳ θειότατα ἔργα ἀποτελεῖ· δύναται γὰρ καὶ φόβον παῦσαι καὶ λύπην ἀφελεῖν καὶ χαρὰν ἐνεργάσασθαι καὶ ἔλεον ἐπαυξῆσαι. ταῦτα δὲ ὡς οὕτως ἔχει δείξω· **9.** δεῖ δὲ καὶ δόξῃ δεῖξαι τοῖς ἀκούουσι· τὴν ποίησιν ἅπασαν νομίζω καὶ ὀνομάζω λόγον ἔχοντα μέτρον· ἧς τοὺς ἀκούοντας εἰσῆλθε καὶ φρίκη περίφοβος καὶ ἔλεος πολύδακρυς καὶ φίλος φιλοπένθης (sic), ἐπ᾽ ἀλλοτρίων τε πραγμάτων καὶ σωμάτων εὐτυχίας καὶ δυσπραγίας ἴδιόν τι πάθημα διὰ τῶν λόγων ἔπαθεν

29 γενέσθαι (pl.) sed superscr. γεγενῆσθαι La Np : γενέσθαι Ald ‖ **32** ⟨ἢ ἔρωτι ἁλοῦσα⟩ La in marg. Y Ald ‖ **34** κρείσσον La Ald alii : supra κρεῖσσον superscr. κρεῖττον Y ‖ **36** τὸ μὲν γὰρ La Ald : καὶ τὸ μὲν rell. ‖ **40–41** ἡ δὲ] εἰ δὲ Ald ‖ **41** ἢ La Ald δ (cf. ἢ qui praecedit in A β) : ὡς Y La superscr. rell. | ἐδυστύχησεν La alii ἠδίκηται Y superscr. La alii ‖ **44** ἡ δὲ] εἰ δὲ Ald **46** πέπονθε La Ald : ἔπαθε rell. ‖ **47** οἰκτείρειν La alii : οἰκτεῖραι Y superscr. La Np Ald alii | λόγος ⟨ἦν⟩ ὁ La Ald : λόγος ὁ rell. ‖ **54** καὶ ante νομίζω om. La ‖ **55–56** φίλος φιλοπένθης La : φίλος φιλοπενθής pl. in marg. Y : ζῆλος ζηλοπαζής Y in marg. La : φιλοπενθής Ald (erratum typographicum)

mosae commiserationes irrepunt, atque ex aliena rerum corporumque felicitate infelicitateve animus proprios sibi affectus capit. Verum age; ex alio in aliud orationem mutemus. **10.** Particeps nempe divinitatis per verba effecta exultatio accersendi voluptates abigendique moerorem vim habet. Ita plane opinioni mentis
230 adhaerescens insinuatae artis potentia attraxit persuadens | mutavitque incantatione: incantatio enim ac magia duplices artes sunt, ab iis errare animus atque in opinione pati compellitur. **11.** Quanta namque quamque multi vel mentientes persuasere atque usque persuadent? Nempe si singulatim omnes quaecumque acta sunt recordarentur, vergentiaque idem ac ventura prospicere⟨nt⟩, non omnino ita oratione quae de his ipsis agit, praeteritorum memoria, praesentium consyderatio, futurorum praevidentia pessundarentur; ex quo fit, cum id nequeant, ut plurimorum intellectus ab opinatione consulatur. Verum opinio, quae per se ipsa neque vera satis neque firma est, quicunque sequantur, eos in infelicem calamitatem ex falso infirmoque perducit. **12.** Quid igitur impedit Helenamque quoque, sub annis tum iuvenilibus, quemadmodum quae vi subiecta sunt, non potuisse vi rapi? Equidem persuasione mens attrahitur, eandemque vim sentit (quamquam hoc turpe est), quam si necessitate traheretur. Oratio namque flexanima, cui semel persuasit, ipsum et verbis credere et consentire rebus cogit. Ergo qui suasit, is mulctetur, ut qui coegit; ast illa quae credidit, tanquam quae verbis coacta est, frustra
230 v vituperatur. **13.** Quod autem persuasione animos ita formet ora|tio ut vult, oportet primum ea scire quae sublimium rerum scriptores tradidere, qui opinione opinionem refellentes inducentesve, opinionis oculis incerta incredibiliaque ostendere; secundo necessitantes oratorum luctas, in quibus singulae orationes maximos hominum conventus oblectavere persuasereque artibus, non veritate. Demum philosophantium certationes, in iis enim veloci-

73–74 prospicere⟨nt⟩ *con.* : prospicere V ‖ **81** *supra* quemadmodum V *scr.* n ‖ **84** flexanima *con.* : flexamina V ‖ **85** *supra* mulctetur V *scr.* lt

ἡ ψυχή. φέρε δὴ πρὸς ἄλλον ἀπ᾽ ἄλλου μεταστῶ λόγον. **10.** αἱ γὰρ ἔνθεοι διὰ λόγων ἡδοναὶ ἐπαγωγοὶ μὲν ἡδονῆς, ἀπαγωγοὶ δὲ λύπης γίνονται· συγγινομένη γὰρ τῇ δόξῃ τῆς ψυχῆς ἡ δύναμις τῆς ἐπῳδῆς ἔθελξε καὶ ἔπεισε καὶ μετέστησε γοητείᾳ. γοητείας δὲ καὶ μαγείας δισσαὶ τέχναι εὕρηνται, αἵ εἰσι ψυχῆς ἁμαρτήματα καὶ δόξης ἀπατήματα. **11.** ὅσοι δὲ ὅσους περὶ ὅσων καὶ ἔπεισαν καὶ πείθουσι ψευδῆ λόγον πλάσαντες; εἰ μὲν γὰρ πάντες περὶ πάντων εἶχον τῶν παροιχομένων μνήμην τῶν τε παρόντων τῶν τε μελλόντων πρόνοιαν, οὐκ ἂν ὁμοίως ὅμοιος ὢν ὁ λόγος, ἢ τὰ νῦν γε οὔτε μνησθῆναι τὸ παροιχόμενον οὔτε σκέψασθαι τὸ παρὸν οὔτε μαντεύσασθαι τὸ μέλλον εὐπόρως ἔχει· ὥστε περὶ τῶν πλείστων οἱ πλεῖστοι τὴν δόξαν σύμβουλον τῇ ψυχῇ παρέχονται. ἡ δὲ δόξα σφαλερὰ καὶ ἀβέβαιος οὖσα σφαλεραῖς καὶ ἀβεβαίοις ἀτυχίαις περιβάλλει τοὺς αὐτῇ χρωμένους. **12.** τίς οὖν αἰτία κωλύει καὶ τὴν Ἑλένην ὁμοίως νέαν οὖσαν ὡσπερεὶ βιατήριον βίᾳ ἁρπασθῆναι; τῇ γὰρ πειθοῖ ὁ νοῦς παρεσύρη, καίτοι εἰ ἀνάγκη ὄνειδος μέν, τὴν δὲ δύναμιν τὴν αὐτὴν ἔχει. λόγος γὰρ ὁ τὴν ψυχὴν πείσας, ἣν ἔπεισεν, ἠνάγκασε καὶ πείθεσθαι τοῖς λεγομένοις καὶ συναινέσαι τοῖς ποιουμένοις. ὁ μὲν οὖν πείσας ὡς ἀναγκάσας ἀδικεῖ, ἡ δὲ πεισθεῖσα ὡς ἀναγκασθεῖσα λόγῳ μάτην ἀκούει κακῶς. **13.** ὅτι δ᾽ ἡ πειθὼ προσιοῦσα τῷ λόγῳ καὶ τὴν ψυχὴν ἐτυπώσατο ὅπως ἐβούλετο, χρὴ μαθεῖν πρῶτον μὲν τοὺς τῶν μετεωρολόγων λόγους, οἵτινες δόξαν ἀντὶ δόξης τὴν μὲν ἀφελόμενοι τὴν δ᾽ ἐνεργασάμενοι, τὰ ἄδηλα καὶ ἄπιστα φαίνεσθαι τοῖς τῆς δόξης ὄμμασιν ἐποίησαν· δεύτερον δὲ τοὺς ἀναγκαίους διὰ λόγων ἀγῶνας, ἐν οἷς εἷς λόγος πολὺν ὄχλον ἔτερψε καὶ ἔπεισε τέχνῃ γραφείς, οὐκ ἀληθείᾳ λεχθείς· τρίτον φιλοσόφων λόγων ἁμίλλας, ἐν αἷς δείκνυται καὶ γνώμης τάχος ὡς εὐμετάβο-

59 ἐπαγωγοὶ ⟨μὲν⟩ ... ἀπαγωγοὶ ⟨δὲ⟩ La Ald : om. μὲν ... δὲ rell. ‖ **64** post πείθουσι La Ald om. δὲ ‖ **68** ἔχει] εἶχεν La Ald ‖ **72** post ὁμοίως La Ald om. ἂν οὐ ‖ **72–73** ὁμοίως ... παρεσύρη (La) add. in marg. et alteram lectionem (β) eras. Y ‖ **72** ὡσπερεὶ] ὡς περὶ Ald ‖ **73** ἁρπασθῆναι La Ald : ἁρπάσαι Am_4 : ἡρπάσθη rell. ‖ **73–74** τῇ γὰρ πειθοῖ ὁ νοῦς παρεσύρη καίτοι εἰ ἀνάγκη, ὄνειδος μέν, τὴν δὲ δύναμιν τὴν αὐτὴν ἔχει La Y in marg. : τῇ γὰρ πειθοῖ ὁ νοῦς παρασύρη καίτοι εἰ ἀνάγκη, ὄνειδος ἕξει μὲν οὐ (ὄνειδος ἕξει μὲν οὖν δ ζ) τὴν δὲ δύναμιν τὴν αὐτὴν ἔχει Ald ‖ **74–75** ὃ τὴν ψυχὴν πείσας La : τὴν ψυχὴν ὁ πείσας rell. ‖ **75** ἣν] ἦν Ald ‖ **82** ἀναγκαίους] ἀγοραίους Ald ‖ **83** ἔτερψε] ἔτρεψε Ald

tas mentis apparet quam facile opinioni fidem mutet. **14.** Plane orationes in componendis animis eandem potestatem habent quam in ordinandis corporibus varietates medicinarum. Quemadmodum enim medicinae alios aliae quoquo ex corpore excivere, aliae morbos, aliae vitam expulere, ita orationum aliae molestiam attulere, aliae oblectationem, timorem illae incussere audientibus; hae ut fiderent, effecere: quaedam nocuis persuasionibus venenatos sensus incantatosque reliquere. **15.** iamque si verbis credidit, infelicem fuisse illam hactenus, caeterum nihil peccasse, ostensum est. Nunc autem quarto, quicquid in causa est, suis rationibus percurremus. Neque certe difficulter illa, si ex amore haec fecit, peccati causas, quae fuisse dicuntur, evitabit. Spectamus enim non quae ipsi volumus, sed quae quisque sortimur: verum, per visum
231 animus in di|versa formatur. **16.** Nam cum primum aeris ferrive ornatu armatos hostes, quo se tutentur quove offendant, visus inspexerit, perturbatur, animumque ipse perturbat, adeo ut expavescentes vel tuti saepe fugiamus. Vehemens enim ac verax prima illa, uti legis cuiusdam, fides a visu per timorem recipitur, quae adveniens quicquid pulchrum esse per legem illam aut bonum per mentem putat, id ut ille amplectatur facit. **17.** Quidam etiam dum timenda conspicerent, statim ex mente qua tunc vigebant, exiere, adeo illam extinxit atque expulit timor. Multi autem sine causa in morbos saepe, saepe in graves dolores, interdum in incurabilem insanitatem inciderunt; ita demum imagines eorum quae videntur, ipsi menti visus inscripsit. Item plurima remanent ex iis quae terruerunt, atque ea ita remanent ut dicuntur. **18.** Enim vero cum ex diversis coloribus ac membris pictores unum recte corpus unamque figuram effingunt, oblectatur visus; ast hominum statuae ac exornatae effigies quantam oculis suavitatem praebuerunt! Atque ita ex iis quae videmus, quaedam odisse, quaedam amare ab ipsa natura compellimur; multa vero sunt quae in pluribus

96–97 *supra* quemadmodum V *scr.* n ‖ **97** an exivere? Reiske *scr.* 98 *in marg.* Mor. (cf. Reiske VIII, 98: ἐξάγει ...*et sic porro*) ‖ **119** *supra* enim vero *scr.* n *ac verba iunxit* V

λον ποιοῦν τὴν τῆς δόξης πίστιν. **14.** τὸν αὐτὸν δὲ λόγον ἔχει ἥ τε τοῦ λόγου δύναμις πρὸς τὴν τῆς ψυχῆς τάξιν ἥ τε τῶν φαρμάκων τάξις πρὸς τὴν τῶν σωμάτων φύσιν. ὥσπερ γὰρ τῶν φαρμάκων ἄλλους ἀλλαχοῦ ἐκ τοῦ σώματος ἐξάγει, καὶ τὰ μὲν νόσου τὰ δὲ βίου παύει, οὕτω καὶ τῶν λόγων οἱ μὲν ἐλύπησαν, οἱ δὲ ἔτερψαν, οἱ δὲ ἐφόβησαν, οἱ δὲ εἰς θάρσος κατέστησαν τοὺς ἀκούοντας, οἱ δὲ πειθοῖ τινι κακῇ τὴν ψυχὴν ἐφαρμάκευσαν καὶ ἐξεγοήτευσαν. **15.** καὶ ὅτι μέν, εἰ λόγῳ ἐπείσθη, οὐκ ἠδίκησεν ἀλλ᾽ ἠτύχησεν, εἴρηται· τὴν δὲ τετάρτην αἰτίαν τῷ τετάρτῳ λόγῳ διέξειμι. εἰ γὰρ ἔρως ἦν ὁ ταῦτα πράξας, οὐ χαλεπῶς διαφεύξεται τὴν τῆς λεγομένης γεγονέναι ἁμαρτίας αἰτίαν, καὶ γὰρ ὁρῶμεν οὐχ ἣν ἡμεῖς θέλομεν, ἀλλ᾽ ἣν ἕκαστος ἔτυχε· διὰ δὲ τῆς ὄψεως ἡ ψυχὴ κἀν τοῖς τρόποις τυποῦται. **16.** αὐτίκα γὰρ ὅταν πολέμια σώματα καὶ πολέμιον ἐπὶ πολεμίον ὁπλίσῃ κόσμῳ χαλκοῦ καὶ σιδήρου, τοῦ μὲν ἀλεξητήριον τοῦ δὲ προβλήματα, εἰ θεάσεται ἡ ὄψις, ἐταράχθη καὶ ἐτάραξε τὴν ψυχήν, ὥστε πολλάκις κινδύνου μέλλοντος ὄντος φεύγουσιν ἐκπλαγέντες. ἰσχυρῶς γὰρ ἡ ἀλήθεια τοῦ νόμου διὰ τὸν φόβον εἰσῳκίσθη τὸν ἀπὸ τῆς ὄψεως, ἥτις ἐλθοῦσα ἐποίησεν ἀσμένισαι καὶ τοῦ καλοῦ τοῦ διὰ τὸν νόμον κρινομένου καὶ τοῦ ἀγαθοῦ τοῦ διὰ τὴν γνώμην γιγνομένου. **17.** ἤδη δέ τινες ἰδόντες φοβερὰ καὶ τοῦ παρόντος ἐν τῷ παρόντι χρόνῳ φρονήματος ἐξέστησαν· οὕτως ἀπέσβεσε καὶ ἐξήλασεν ὁ φόβος τὸ νόημα. πολλοὶ δὲ ματαίαις νόσοις καὶ δεινοῖς πόνοις καὶ δυσιάτοις μανίαις περιέπεσον· οὕτως εἰκόνας τῶν ὁρωμένων πραγμάτων ἡ ὄψις ἐνέγραψεν ἐν τῷ νοήματι. καὶ τὰ μὲν δειματοῦντα πολλὰ παραλείπεται, ὅμοια δ᾽ ἐστὶ τὰ παραλειπόμενα οἷάπερ τὰ λεγόμενα. **18.** ἀλλὰ μὴν οἱ γραφεῖς ὅταν ἐκ πολλῶν χρωμάτων καὶ σωμάτων ἓν σῶμα καὶ σχῆμα τελείως ἀπεργάσωνται, τέρπουσι τὴν ὄψιν· ἡ δὲ τῶν ἀνδριάντων ποίησις καὶ ἡ τῶν ἀγαλ-

89 ἄλλους ἀλλαχοῦ] ἄλλα ἀλλαχοῦ Ald ‖ **96** καὶ La Ald : ἃ rell. ‖ **97** κἀν τοῖς] καινοῖς Ald ‖ **98–99** καὶ πολέμιον ἐπὶ πολεμίον La : ἐπὶ πολεμίον om. Ald : καὶ πολέμιον ἐπὶ πολεμι᾽ X alii ‖ **99** ὁπλίσῃ La X^{corr} alii : ὁπλίσει A X^{pr} alii : ὁπλίσης Ald | κόσμῳ La superscr. Np : κόσμον superscr. La Np rell. ‖ **101–102** κινδύνου μέλλοντος ὄντος La : κινδύνου τοῦ μέλλοντος ⟨οὐδέπω⟩ ὄντος Ald : ἀκινδύνου τοῦ μέλλοντος ὄντος Y : κινδύνου μέλλοντος ὄντος pl. ‖ **105** γνώμην La superscr. Y : δίκην Ald rell. ‖ **110** ἐνέγραψεν] ἀνέγραψεν Ald | νοήματι X^{pr} La N : φρονήματι Ald rell. | μὲν post πολλὰ om. La Np ‖ **111–112** ⟨τὰ⟩ λεγόμενα La Ald Am$_4$: om. τὰ rell.

plurimarum rerum amores desideriaque operantur. **19.** Quid igitur 231 v est | mirum, si Alexandri facie oculi Helenae delectati, celeres animo amoris affectus certaminaque praebuere? Atque is, si deus est ac deos cogit, quomodo ab inferiori potest devinci aut propulsari? Si tamen humanitatis morbus aut animorum ignorantia est, non uti culpa incusandus est, sed tanquam infelicitas existimandus. Venit enim, venit, quo animos venetur non quo mentem consulat, neque ut artes paret, sed ut amoris necessitatem inducat. **20.** Igitur quonam pacto Helenae calumniis decenter assentiemus, quae si vel amore mota, vel oratione commota, vel vi acta, vel deorum necessitate coacta est ea fecisse quae fecit, certe omnino culpam effugit? **21.** Amovi perorando calumnias mulieris, legem tutatus sum quam exordiendo praetuleram, obrobriorum iniquitatem atque imprudentiam opinionis coegi omnes dereliquisse. Orationem hanc Helenam ut laudarem, mihi sane ut luderem volui perscripsisse.

Finis per Pyrrhum Vizanum amplexus est anno a Nativitate Domini Nostri Iesu Xristi MCCCCLXXXXIII. Die prima Maii. Ternus est.

135 ea fecisse quae fecit Bembus : *sed* La β (20. 27) *omittunt* ἃ ἔπραξε (A). *Sine ullo dubio Bembus contulit 35 s.:* fecisse illam quae fecit (6. 31: ἔπραξεν ἃ ἔπραξεν A β) *et textum restauravit.* ‖ **142** *Dies in praefationis conclusione ascriptus* Aprilis *del. et superscr.* Maii V

μάτων ἐργασία ὅσον ἡδεῖαν παρέσχετο τοῖς ὄμμασιν ὄψιν· οὕτω τὰ μὲν λυπεῖν τὰ δὲ ποθεῖν πέφυκεν ὄψιν. πολλὰ δὲ πολλοῖς πολλῶν ἔρωτα καὶ πόθον ἐνεργάζεται τῶν πραγμάτων. **19.** εἰ οὖν τῷ τοῦ Ἀλεξάνδρου σώματι τὸ τῆς Ἑλένης ὄμμα ἡσθὲν προθυμίαν καὶ ἅμιλλαν ἔρωτος τῇ ψυχῇ παρέδωκε, τί θαυμαστόν; ὃς εἰ μὲν θεὸς θεῶν θείαν δύναμιν κρατεῖ, πῶς ἂν ὁ ἥσσων εἴη τοῦτον ἀπώσασθαι καὶ ἀμύνασθαι δυνατός; εἰ δ' ἐστὶν ἀνθρώπινον νόσημα καὶ ψυχῆς ἀγνόημα, οὐχ ὡς ἁμάρτημα μεμπτέον ἀλλ' ὡς ἀτύχημα νομιστέον· ἦλθε γάρ ὡς ἦλθε, ψυχῆς ἀγρεύμασιν, οὐ γνώμης βουλεύμασιν, καὶ ἔρωτος ἀνάγκαις, οὐ τέχνης παρασκευαῖς. **20.** πῶς οὖν χρὴ δίκαιον ἡγήσασθαι τὸν τῆς Ἑλένης μῶμον, ἥτις εἴτ' ἐρασθεῖσα εἴτε λόγῳ πεισθεῖσα εἴτε βίᾳ ἁρπασθεῖσα εἴτε ὑπὸ θείας ἀνάγκης ἀναγκασθεῖσα ἔπραξε, πάντως διαφεύγει τὴν αἰτίαν; **21.** ἀφεῖλον τῷ λόγῳ δύσκλειαν γυναικός, ἐνέμεινα τῷ νόμῳ ὃν ἐθέμην ἐν ἀρχῇ τοῦ λόγου· ἐπειράθην καταλῦσαι μώμου ἀδικίαν καὶ δόξης ἀμαθίαν, ἐβουλήθην γράψαι τὸν λόγον Ἑλένης μὲν ἐγκώμιον, ἐμὸν δὲ παίγνιον.

115 post τοῖς ὄμμασιν La Ald add. ὄψιν | supra σώμασιν (γ) superscr. ὄμμασιν (La rell.) Y ‖ **116** λυπεῖν] λιπεῖν Ald ‖ **117** ⟨τῶν⟩ πραγμάτων La Ald (sed β om. sqq. verba καὶ σωμάτων) : om. τῶν rell. ‖ **118** supra σῶμα superscr. ὄμμα (La) Y ‖ **120** δύναμιν ⟨κρατεῖ⟩ La superscr. Y Ald ‖ **123** ὡς s.l. scr. La : om. Be (venit enim venit) Ald.

GLOSSARIOLVM GRAECO-LATINVM VOCES MEMORANDAS CONTINENS

AB ANTONIA MARCHIORI SELECTAS

Lectiones incertae signo (*) notantur.
Petri Bembi (= Be) translatio in notis intercluditur.

α

ἀβέβαιος	infirmus: 11.73 (bis).
ἄγαλμα	simulacrum [effigies Be]: 18.118.
ἄγειν	agere: 6.38.
ἀγνόημα	error per ignorantiam [ignorantia Be]: 19.126.
ἄγρευμα	rete [quo venetur Be]: 19.127.
ἀγών	contentio [lucta Be]: 13.86.
ἄδηλος	obscurus: 3.15; invisibilis [incertus Be]: 13.85.
ἀδικεῖν	iniuste agere [peccare Be]: 7.43; [mulctari Be]: 12.80; [peccare Be]: 15.97.
ἀδικία	iniuria [iniquitas Be]: 21.136.
ἀδίκως	iniuste [iniusta n.pl. Be]: 7.42.
αἰτία	crimen [vitium Be]: 2.11; causa: 5.30; culpa: 6.40; crimen [accusandus Be]: 7.46; [causae pl. Be]: 8.51; causa: 12.74; 15.98; 15.100; culpa: 20.133.
αἰτιᾶσθαι	accusare, incusare: 6.35 (bis).
ἀκοσμία	dedecus: 1.3.
ἀκούειν	audire: 2.9; 9.56; 9.57; 14.96; (κακῶς ἀ.) male audire [alicui vitio dari Be]: 2.11; [vituperari Be]: 12.81.
ἀλεξητήριον	munimen [quo se tutentur Be]: 16.104.
ἀλήθεια	veritas [verus sermo Be]: 1.2; [veritas Be]: 13.87; [verax ... fides Be]: 16.107.
ἀληθής	verus: 2.12.
ἁλίσκεσθαι	(ἔρωτι) capi, occupari [ab amore impelli Be]: 6.34.
ἀλκή	robur: 4.24.
ἀλλότριος	alienus: 9.58.
ἀμαθία	ignorantia: 1.5, 2.13; [imprudentia Be]: 21.136.
ἁμάρτημα	error, culpa [errare Be]: 10.65; [culpa Be]: 19.126.

ἁμαρτία	error [error Be]: 1.5; [peccatum Be]: 15.100.
ἅμιλλα	contentio [certatio Be] 13.88; studium [certamen be]: 19.123.
ἀμύνεσθαι	propellere [propulsare Be]: 19.125.
ἀναγκάζειν	cogere: 12.78; 12.80; 12.81; 20.132.
ἀναγκαῖος	necessarius [necessitans Be]: 13.86.
ἀνάγκη	necessitas: 6.32; 12.77; 19.128; 20.132.
ἀνάξιος	indignus [qui obrobrium meretur Be]: 1.5.
ἀνατιθέναι	(τὴν αἰτίαν) tribuere [inscribere Be]: 6.41.
ἀνδριάς	hominis statua: 18.118.
ἀνίκητος	invictus: 4.26.
ἀνόμως	inique [iniqua n.pl. Be]: 7.42.
ἄξιος	dignus [qui meretur Be]: 1.4, [necesse Be]: 6.35; 7.44.
ἀπαγωγός	excutiens [vis abigendi habens Be]: 10.62.
ἀπατᾶν	decipere: 8.50.
ἀπεργάζεσθαι	effingere: 18.117.
ἄπιστος	incredibilis: 13.84.
ἀπολογεῖσθαι	defendere [tutari Be]: 8.51.
ἀπολύειν	absolvere [liberare Be]: 6.41; [exsolvere Be]: 8.51.
ἀποπιμπλάναι	satiare: 5.26.
ἀποτελεῖν	perficere: 8.53.
ἀπωθεῖν	repellere [propulsare Be]: 19.125.
ἀρετή	virtus: 1.2.
ἁρπάζειν	rapere: 6.33; 7.42; 7.43; 12.76; [agere Be]: 20.131.
ἀρχή	(λόγου) exordium: 5.29; [exordiendo Be]: 21.135.
ἄρχειν	ducere: 6.38.
ἀσμενίζειν	libenter accipere [amplecti Be]: 16.108.
ἀτιμία	publicum dedecus [calumnia Be]: 7.46.
ἀτυχέω	infelicem esse: 15.97.
ἀτύχημα	incommodum [infelicitas Be]: 19.126.
ἀφαιρεῖν	auferre [fugare Be]: 8.54; [refellere Be]: 13.84; [amovere Be]: 21.134.
ἀφανής	obscurus: 8.52.

β

βάρβαρος	barbarus: 7.44, 7.45.

βία	vis: 6.33; [vires pl. Be]: 6.39; 7.42; 12.76; 20.131.
βιαστήριον	quod vi opprimitur [quae vi subiecta sunt Be]: 12.76.
βιάζεσθαι	vi opprimi [iniqua pati Be]: 7.42; [vi cogi Be]: 7.46.
βούλευμα	consilium [iussus Be]: 6.32; [quo mentem consulat Be]: 19.128.
βούλημα	voluntas: 6.32.

γ

γοητεία	incantamentum [incantatio Be]: 10.64 (bis).
γραφεύς	pictor: 18.116.
γράφειν	scribere: 13.87; [perscribere Be]: 21.136.

δ

δεικνύναι	demonstrare [promere Be]: 2.12; 8.55; 9.55; (δείκνυται) apparet: 13.88.
δειματοῦν	terrorem inicere [terrere Be]: 17.114.
δεινός	gravis: 7.49, 17.112.
διαφεύγειν	effugere [devitare Be]: 15.99; [effugere Be]: 20.133.
διέξειναι	oratione persequi [percurrere Be]: 15.98.
δίκη	iustitia [mens Be]: 16.109.
δισσός	duplex: 10.64.
δοκεῖν	videri: 3.18.
δόξα	opinio: 9.55; 10.63; 10.65; [opinatio Be]: 11.73; 13.83; 13.84; 13.85; 13.90; 21.137.
δρᾶν	facinus facere [committere Be]: 7.48.
δύνασθαι	posse (ut dynastes): 8.53.
δύναμις	vis [vires pl. Be]: 4.25; [potentia Be]: 10.63; 12.77; [potestas Be]: 14.90; [necessitas Be]: 19.124.
δυνάστης	dynastes, dominus [cui magna vis inest Be]: 8.52.
δυνατός	potens [posse Be]: 19.125.
δυσίατος	sanatu difficilis [incurabilis Be]: 17.112.
δύσκλεια	infamia: 6.41; [calumnia Be]: 21.134.
δυσπραγία	incommodum [infelicitas Be]: 9.59.
δυστυχεῖν	adversa fortuna uti [iniuriam accipere Be]: 7.44.

ε

ἐγγράφειν	inscribere: 17.114.
ἐγκώμιον	laudatio [ut laudarem Be]: 21.137.
ἐκγοητεύειν	fascinare [sensus incantatos relinquere Be]: 14.96.
εἰκότως	merito [decenter Be]: 7.48.
εἰκών	imago: 17.113.
εἰσέρχεσθαι	invadere [irrepere Be]: 9.57.
εἰσοικίζεσθαι	emigrare [recipi Be]: 16.107.
ἐκπλήσσεσθαι	expavescere: 16.106.
ἐλέγχειν	reprehendere [reprobare Be]: 2.7; convincere [vocare Be]: 3.18.
ἐλεεῖν	misereri: 7.48.
ἔλεος	misericordia: 8.54; [commiseratio pl. Be]: 9.58.
ἐμμένειν	servare [tutari Be]: 21.134.
ἐναντίος	contrarius [quodcumque oppugnat Be]: 1.2
ἐνεργάζεσθαι	efficere, inducere [congregare Be]: 4.21; [promere Be]: 8.54, [inducere Be]: 13.84; [compellere Be]: 18.121.
ἔνθεος	afflatus numine [particeps divinitatis Be]: 10.61.
ἔννοια	cogitatio [consideratio Be]: 11.68.
ἐξάγειν	excutere [excire Be]: 14.93.
ἐξελαύνειν	expellere: 17.111.
εἰκότως	merito [decenter Be]: 7.48.
ἐπαγωγός	illiciens [vis accersendi habens]: 10.62.
ἐπαινεῖν	laudare [extollere Be]: 1.6.
ἐπαινετός	laudandus: 1.6.
ἔπαινος	laus: 1.4 (bis).
ἐπαυξάνειν	insuper augere [augere Be]: 8.54.
ἐπιδεικνύναι	ostendere: 2.12.
ἐπιθυμία	cupiditas [desiderium Be]: 4.21.
ἐπίκτητος	acquisitus: 4.24.
ἐπιτίθεσθαι	afficere, (μῶμον ἐ.) vituperare: 1.4.
ἐπιχειρεῖν	aggredi: 7.44.
ἐπιχείρημα	facinus: 7.45.
ἐπῳδή	incantamentum [incantatio Be]: 10.61, 10.63.
ἔρασθαι	amore capi [amore moveri Be]: 20.131.
ἐργασία	opus: 18.119.

ἔργον res [actus pl. Be]: 1.4; 7.45; 7.46; 8.53.
ἔρως amor [amores pl. Be]: 4.21; 4.25; 5.27; <6.34>; 15.99, [amores pl. Be]: 18.121; 19.123; 19.128.
εὐανδρία abundantia fortium virorum [boni viri Be]: 1.1.
εὐγένεια nobilitas: 4.23.
εὐδοξία gloria: 4.24.
εὐεξία bonus habitus [vires pl. Be]: 4.24.
εὐμετάβολος inconstans [qui facile mutat Be]: 13.89.
εὐπόρως facile: 11.71.
εὑρίσκειν (τέχνας) invenire: 10.65.
εὐτυχία res secundae [felicitas Be]: 9.59; 11.74.

ζ

ζημία poena: 7.46.

η

ἡγεῖσθαι ducere [praeire Be]: 6.39.
ἥδεσθαι delectari: 19.122.
ἡδονή voluptas [voluptates pl. Be]: 10.62.
ἡδύς* suavis [suavitas Be]: 8.120.
ἥσσων inferior [debilior Be]: 6.37; [deterior Be]: 6.37 (bis); [infra esse Be]: 6.39.

θ

θαυμαστός mirus: 19.123.
θέα* spectaculum [*aliter legit* Be]: 16.104.
θεάομαι spectare [inspicere Be]: 16.104.
θεῖος divinus [deorum Be]: 20.132.
θεός deus: 3.17; 6.32; 6.35; [immortales pl. Be]: 6.39; [caelum Be]: 6.40; 19.124 (bis).
θνητός mortalis: 3.17.

ι

ἴδιος proprius: 9.59.
ἰσόθεος par deo [coelestibus aequalis Be]: 4.20.
ἴσος (καί) par [unus ... ac Be]: 1.5.

ἰσχυρός	vehemens: 16.106.

κ

κακολογεῖν	maledicere: 7.48.
κακός	malus [nocuus Be]: 14.95.
κακῶς	male (vide ἀκούειν): 2.11; 12.81.
κάλλος	pulchritudo: 1.1; [forma Be]: 4.20.
καλός	pulcher: 16.108.
καταλύειν	dissolvere [derelinquere Be]: 21.135.
κίνδυνος	periculum [*aliter legit* Be]: 16.105.
κόσμος	ornatus [ornamenta pl. Be]: 1.1; 16.103.
κράτιστος	praestantissimus: 3.19.
κρείσσων	praestantior: 6.37; [primus Be]: 6.38; [nobilior Be]: 6.38; 6.39.
κρίνειν	iudicare [putare Be]: 16.109.
κωλύειν	obsistere, impedire: 6.36; 6.37; 12.75.

λ

λαμβάνειν	accipere: 4.20; rapere: 5.27.
λέγειν	dicere [proferre Be]: 2.7; 3.17; [repetere Be]: 5.27; [narrare Be]: 5.28; [τὰ λεγόμενα = verba n.pl. Be]: 12.79; 13.87; [ostendere Be]: 15.98; 15.100; 17.116.
λογισμός	ratio: 2.10.
λόγος	oratio, verba [oratio Be]: 1.2; [oratio pl. Be]: 1.3; [oratio Be] 2.11; [de aliquo loqui Be]: 3.15; [narratio Be]: 5.29 (bis); [verba pl. Be]: 6.33; [verba pl. Be]: 7.41 (bis); [verba pl. Be]: 8.50; [oratio Be]: 8.52; [oratio Be]: 9.56; 9.60; [oratio Be]: 9.61; [verba pl. Be]: 10.61; 11.67; [oratio Be]: 11.69; [oratio Be]: 12.78; [verba pl. Be]: 12.81; [oratio Be]: 13.82; 13.83; 13.86; [oratio Be]: 13.86; 13.88; ratio (rationem habere) [potestas Be]: 14.90 (bis); [oratio Be]; [oratio Be]: 14.94; [verba pl. Be]: 15.97; argumentum [rationes pl. Be]: 15.98; [oratio Be]: 20.131; [perorando Be]: 21.134; 21.135; [oratio Be]: 21.136.

λυπεῖν | molestia afficere [modestiam (sic) afferre Be]: 14.94; [odisse compelli Be]: 18.120.
λύπη | maeror [moerores pl. Be]: 8.54; [moeror Be]: 10.62.

μ

μαγεία | magia: 10.64.
μανία | insania [insanitas Be]: 17.113.
μαντεύεσθαι | vaticinari [prospicere Be]: 11.71.
μάταιος | desperatus [*aliter legit* Be]: 17.112.
μάτην | frustra: 12.81.
μέγεθος | copia (πλούτου μεγέθη) [maximae divitiae Be]: 4.23.
μεθιστάναι | mutare: 10.64.
μέμφεσθαι | incusare [dehonestare Be]: 1.5; [calumniari Be]: 2.7; [accusare Be]: 2.12; [incusare Be]: 19.126.
μετεωρόλογος | qui de rebus coelestibus disputat [subliminium rerum scriptor Be]: 13.83.
μέτρον | metrum [mensurae pl. Be]: 9.57.
μισεῖν | odisse: 7.49.
μνήμη | memoria: 2.10; 11.68.
μωμητός | reprehensibilis [dehonestandus Be]: 1.6.
μῶμος | probrum: 1.5; [calumniae pl. Be]: 20.130; [calumniae pl. Be]: 21.135.

ν

νέος | iuvenis [sub annis iuvenilibus Be]: 12.75.
νόμος | lex: 7.45; 7.46; 16.108; 21.134.
νόσημα | morbus: 19.126.
νόσος | morbus: 14.93; 17.112; [*aliter legit* Be]: 18.119*.
νοῦς | mens: 12.77.

ο

οἰκεῖος | proprius: 4.24.
οἰκτίρειν | misereri: 7.49.
ὄμμα | oculus: 13.85; 18.119; 19.122.

ὁμόφωνος	consonus [uno ... ore Be]: 2.8.
ὁμόψυχος	unanimis, concors [universa consentiunt Be]: 2.8.
ὄνομα	nomen: 2.9
ὀνομάζειν	appellare: 9.56.
ὁράω	videre [spectare Be]: 15.100; 17.113.
ὀρφανίζειν	orbare [orbus Be]: 7.47.
ὄχλος	vulgus, multitudo [hominum conventus Be]: 13.87.
ὄψις	visus: 15.102; 16.105; 16.107; 17.114; 18.118; [*aliter legit* Be]: 18.120*.

π

πάθημα	animi motus [affectus pl. Be]: 9.60.
παίγνιον	lusus [ut luderem Be]: 21.137.
παλαιός	antiquus: 4.23.
παραλείπειν	tradere, (παραλείπεσθαι) remanere: 17.115 (bis).
παρασκευή	apparatus [ut ... paret Be]: 19.128.
πάσχω	pati: 7.49; (πάθημα π.) commoveri [affectus capere Be]: 9.60.
παύειν	cessare facio, (τῆς αἰτίας) absolvere: 2.11; [sedare Be]: 2.12.
πείθω	persuadere [seducere Be]: 6.34; 8.47; 10.63; 11.66 (bis); [flexanimus ... suadet Be]: 12.78 (bis); 12.79; 12.80; [pass. qui credit Be]: 12.80; 13.87; [pass. qui credit Be]: 15.97; [pass. commoveri Be]: 20.131.
πειθώ	persuasio: 12.76; 13.81; [persuasiones pl. Be]: 14.95.
πειρᾶσθαι	conari, experiri: 21.135.
περίφοβος	trepidus: 9.57.
πίστις	fides [testimonia pl. Be]: 2.9; 5.28; 13.89.
πλάσσειν	fingere [mentiri Be]: 11.67.
ποθεῖν	appetere [amare Be]: 18.120.
πόθος	desiderium [v.l. ζῆλος, unde: aemulationes pl. Be]: 9.58; [desideria pl. Be]: 18.121.
ποίησις	poësis [poetice Be]: 9.56; ars fingendi: 18.118.
ποιητής	poëta: 2.9.
πολύδακρυς	lacrimosus [lachrymosus Be]: 9.58.

πόνος dolor: 17.112.
προβαίνειν procedere: 5.30.
πρόβλημα propugnaculum [quo offendant Be]: 16.104.
προθυμία voluntas [nutus Be]: 6.36; animi alacritas [celeres affectus Be]: 19.123.
προμηθία prudentia [consilium Be]: 6.36.
πρόνοια providentia [praevidentia Be]: 11.69.
προτιθέναι exponere [expedire Be]: 5.30.
πρῶτος primus, (τὰ πρῶτα τῶν πρώτων ἀνδρῶν καὶ γυναικῶν) prima virorum atque mulierum [primores hominum Be]: 3.14.

σ

σκέπτεσθαι prospicere: 11.70.
σοφία sapientia: 1.2; 4.24; consilium [intellectus pl. Be]: 6.40.
στερεῖν (τῆς πατρίδος) privare [exulari Be]: 7.47.
στόλος profectio [enavigare Be]: 5.31.
συγγίγνεσθαι coniunctum esse [adhaerescere Be]: 10.62.
σύμβουλος qui consilium dat, suasor [consulere Be]: 11.72.
συμφορά adversa fortuna [calamitas Be]: 2.10.
συνάγειν congregare: 4.22.
συναινεῖν adsentiri [consentire Be]: 12.79.
σφαλερός fallax [falsus Be]: 11.73 (bis).
σχῆμα figura: 18.117.
σῶμα corpus: 1.1; (σώματα ... ἀνδρῶν) [mortales Be]: 4.22; (σμικρότατον σ.) [corpusculum Be]: 8.52; 9.59, 14.91, 14.93; (πολέμια σώματα) [armati hostes Be]: 16.102; [membra... corpus Be]: 18.117 (bis); 18.121; [facies Be]: 19.122.

τ

τάξις ratio, dispositio: 14.91 (bis).
ταράσσειν perturbare: 16.105 (bis).
τέρπειν oblectare: 13.87; [oblectationem incutere Be]: 14.94; 18.118.
τέρψις voluptas: 5.28.

τέχνη	ars: 10.65; [artes pl. Be]: 13.87; [artes pl. Be]: 19.128.
τιμᾶν	(ἐπαίνῳ) laude afficere [laudare Be]: 1.4.
τρόπος	modus: 15.102.
τυποῦν	formare: 13.82; 15.102.
τύραννος	rex: 3.19.
τύχη	fortuna: 6.32; 6.40.

υ

ὑβρίζειν	iniuria afficere [vim inferre Be]: 7.43.
ὑβρίζεσθαι	iniuria affici [iniusta pati Be]: 7.42; [cogi Be]: 7.44.
ὑπερβαίνειν	transire: 5.29.

φ

φαρμακεύειν	veneno afficere [venenatos sensus relinquere Be]: 14.96.
φάρμακον	medicina: 14.91; 14.92.
φήμη	fama: 2.9.
φιλόνικος	vincendi cupidus [aemulatione permotus Be]: 4.25.
φιλοπενθής	ad luctum proclivis [v.l. ζηλοπαθής unde invidus Be]: 9.58.
φίλος	familiaris, propinquus [amicus Be]: 7.47.
φιλόσοφος	philosophus [philosophans Be]: 13.88.
φιλοτιμία	gloriae cupiditas: 4.25.
φοβεῖν	timorem inicere [incutere Be]: 14.94.
φοβερός	timendus: 17.110.
φόβος	timor [timores pl. Be]: 8.53; 16.107; 17.111.
φρίκη	horror: 9.57.
φρονεῖν	(μέγα φ.) se efferre [egregie cordatum esse Be]: 4.23.
φρόνημα	mens: 17.111; 17.114.
φύσις	natura: 3.14; 14.92; 15.100.

χ

χαρά	gaudium [laeta n.pl. Be]: 8.54.

χυμός	humor [*aliter legit* Be]: 14.92.
χρῶμα	color: 18.116.

ψ

ψευδής	mendax: 11.67.
ψεύδεσθαι	mentiri: 2.12.
ψήφισμα	decretum: 6.33.
ψυχή	anima, animus: 1.1; [animus Be]: 8.50; [animus Be]: 9.60; [mens Be]: 10.63; [animus Be]: 10.65; [intellectus Be]: 11.72; [anima Be]: 12.78; [animus Be]: 13.82; [animus Be]: 14.91; [sensus pl. Be]: 14.96; [animus Be] 15.102; [animus Be]: 16.105; [animus Be]: 19.123; [animus Be]: 19.126.

www.ingramcontent.com/pod-product-compliance
Lightning Source LLC
Chambersburg PA
CBHW060821310726
48980CB00002B/362
9783110316353